# Le cancer de l'âme

*« Comment se fait-il que tout s'assombrit autour de moi. Les oiseaux ne chantent plus, les fleurs ne poussent plus, les enfants ne jouent plus... »*

# Dédicaces

Une première dédicace à mon père qui est décédé fin décembre 2008. Tu as toujours été exemplaire dans ta vie, j'ai beaucoup appris auprès de toi.

Une seconde dédicace à ma mère qui est décédée en 1986, beaucoup trop tôt pour moi et surtout pour ses petits-enfants qu'elle n'aura jamais connus.

Et surtout, une dédicace à mon épouse Dominique, qui doit se battre tous les jours contre la maladie sans oublier mon fils et notre fille.

René MOMPER

# Le cancer de l'âme

Édition : BoD · Books on Demand GmbH,
In de Tarpen 42, 22848 Norderstedt (Allemagne)
Impression : Libri Plureos GmbH, Friedensallee 273,
22763 Hamburg (Allemagne)
ISBN : 978-2-3225-3550-7
Dépôt légal : Janvier 2011

# Avant-propos


Ce livre ne se veut nullement être une encyclopédie médicale sur la dépression. Je ne vais nullement aborder le domaine purement médical de la dépression. Pour cela il y a assez d'ouvrages rédigés par des spécialistes.

Ce livre n'est qu'un témoignage parmi tant d'autres, d'un homme qui vit avec cette maladie au quotidien. Son histoire, ses pensées et son « avenir » au moment de la rédaction.

Cet homme c'est moi.

En 2005, à quarante trois ans je suis dans la force de l'âge et je vis « heureux ». J'ai une compagne merveilleuse, deux enfants (garçon et fille) deux voitures, une maison dans un village, un chien qui se prénomme Niki et un travail. J'ai tout pour être heureux et je le suis … en surface seulement car à l'intérieur le magma pousse et l'éruption n'est pas loin.

En grattant la surface on y découvre un divorce en cours, ma compagne (Dominique) malade, le garçon n'étant là qu'un week-end sur deux, deux vieilles voitures, une maison appartenant à ma banque et un travail stressant. Cela ternit déjà un peu la première image. Mais vu de l'extérieur, on n'y voit rien de différent par rapport à la première image.

Un divorce qui dure depuis huit ans déjà et qui n'en finit pas. Dominique qui souffre tous les jours et qui fait régulièrement des allers/retours chez les médecins, hôpitaux. Mon fils qui fait les frais de mon divorce avec sa mère, dont les résultats scolaires sont moyens et dont le comportement est celui d'un enfant « mal à l'aise ». Une voiture à crédit, l'autre qui a vingt trois ans avec les frais que cela comporte. Le travail où je me sens de plus en plus inutile, car quoi que je dise ou que je fasse on ne m'écoute pas et j'ai droit régulièrement à des reproches de la part de la hiérarchie.

Et les gens se disent, mais qu'est-ce qu'il se plaint, il a tout pour être heureux, se référant à la première image, celle que tout le monde voit.

Là est tout le problème, je souffre d'une maladie qui ne se voit pas. Une maladie « interne » qui me fait souffrir mais dont l'image en surface ne montre rien si ce n'est un peu moins de sourires et un peu de fatigue.

Tout a vraiment commencé en 2006 où, alors que je suis au travail, je me sens débordé, tout m'agace, je ne supporte plus rien, j'ai du mal à respirer. Je me sens KO.

Une voix interne me dit range tout, prends tes affaires et va voir un médecin. C'est ce que j'ai fait. J'ai rangé mon bureau, classé les dossiers et j'ai dit à ma secrétaire que j'irai chez le médecin, que je ne me sentais pas bien. Je lui ai montré où j'ai rangé les dossiers.

Ce jeudi après-midi, je me rends chez mon médecin traitant. Il y a, comme d'habitude, foule dans la salle d'attente. Je prends mon mal en patience. Lorsque arrive mon tour, je m'aperçois que c'est la remplaçante de mon médecin traitant qui fait les consultations ce jour là.

Je lui explique rapidement ce que je ressentais, elle m'ausculte et me parle de dépression. Quoi, moi je fais une dépression ? Je savais ce que c'était vu que Dominique est dépressive et a déjà été soignée, sans succès, pour cela. Le médecin me prescrit un arrêt de travail de quinze jours, ainsi que divers médicaments dont du Stablon. Elle m'a également conseillé de prendre rendez-vous chez un psychiatre.

Je rentre à la maison et j'explique le tout à Dominique, qui me comprend et qui n'est pas surprise. En fait, depuis 2005 j'avais quelques arrêts de travail d'une à deux semaines pour asthénie, surmenage etc… C'étaient des signes précurseurs de mon état dépressif.

Tout s'effondre autour de moi. Je suis nul, je ne sers à plus rien. Je ne suis pas un homme, je n'y arrive plus pourtant je dois tenir le cap pour éviter que notre navire ne s'échoue.

C'est la descente aux enfers. Le coup de frein dans ma vie. Le moment où le temps s'arrête et où tous les souvenirs font surface et où l'avenir s'assombrit.

Tout s'enchaîne alors très vite, je revois mon médecin traitant qui prolonge mon arrêt de travail. Je suis convoqué chez un médecin assermenté pour une contre visite (je suis fonctionnaire). Celui-ci me propose la reprise de mon travail à l'issue de mon arrêt de travail, je lui réponds que je n'en savais rien, vu mon état. Il y a encore eu des prolongations et à nouveau une consultation chez ce même médecin assermenté. Et enfin le rendez-vous chez le psychiatre.

Le courant est tout de suite passé entre le psychiatre et moi. Enfin quelqu'un qui est à l'écoute, qui comprend, qui ne me pousse pas à tout de suite reprendre le travail, ce dont de toute façon j'aurais été incapable. Il me prescrit un autre traitement, de l'Effexor 75LP à raison de 2 gélules par jour. Au début j'ai surtout tous les effets secondaires, transpiration, fatigue accrue etc. et surtout baisse de la libido. Mais cela n'est pas très important vu que Dominique est souffrante.

Pour éviter d'entrer encore plus en conflit avec mon employeur, nous allons faire une demande de congé de longue maladie. Je passe voir mon médecin du travail pour avoir son avis. Heureusement je m'étais toujours confié à elle (c'est un médecin du travail femme) lors de mes visites annuelles. Elle a également diagnostiqué une dépression et rédige un petit mot à remettre à mon psychiatre. Et je me suis directement rendu chez lui pour le lui remettre.

Notre fille de quatre ans m'accompagne ce jour là. Dominique ne pouvait pas s'en occuper à ce moment là, elle souffrait de trop. J'en profite de faire un petit tour sur le marché de Noël avec elle. Mais je ne me sens pas à l'aise avec tout ce monde autour de moi. Nous sommes donc vite fait rentrés dans notre « forteresse ». Forteresse car c'est le seul endroit où je me sens à l'aise et « protégé ».

# Mon enfance

Sans contraintes particulières, vie familiale simple et heureuse (deux parents et un frère de cinq ans mon aîné). Nous avons vécu dans deux maisons individuelles en tant que « locataires » (logement mis à disposition par l'employeur).

Région minière (charbon) mais très boisée et agréable. Toutes les semaines j'allais passer une journée chez ma grand-mère maternelle. J'y étais chouchouté. Elle-même venait chez nous les samedi/dimanche.

J'avais un copain que je connaissais depuis la maternelle. Nous nous sommes perdus de vue après le Bac. Beaucoup d'autres copains avec qui nous nous amusions : « explorations dans la forêt » (à 100m de chez nous), piscine, football, vélo, etc.., j'étais toujours entouré. J'avais toujours des idées pour des jeux et de ce fait on venait sonner à notre porte pour que je vienne jouer.

Tous les ans, en été, nous partions en vacances dans les montagnes (Allemagne, Autriche), et à Pâques en Hollande. Ma mère y a vécu lorsqu'elle était mariée une première fois. Elle avait beaucoup d'amis sur place. J'aimais bien y aller et je voudrais également y aller avec mon Amour et mes enfants pour qu'ils découvrent les moulins, les fleurs etc…

J'ai également plusieurs cousins et cousines, des tantes et oncles etc. Souvent j'allais avec ma mère rendre visite à une de mes tantes qui avait quatre filles dont une de deux ans plus jeune que moi. Nous étions très souvent ensemble, jusqu'à ce qu'elle se marie. J'avais également de la famille en Allemagne. Nous faisions des pique-niques, des balades etc.

J'ai appris plein de chose de mon père, lorsqu'il bricolait à la maison (tapisser, peindre, couper du bois etc.) ou du jardinage. Mais il insistait surtout sur la sécurité dans tout ce qu'il faisait (un mineur c'est d'abord cela : la sécurité pour lui, pour les autres).

J'aidais également souvent ma mère, vaisselle, aspirateur, cuisine etc. J'aimais bien apprendre tout cela (çà me sert encore maintenant).

Je jouais de la musique, accordéon. J'ai failli obtenir mon diplôme de professeur de musique, mais j'avais arrêté le tout un an avant l'examen (à cause du Bac entre autres). J'ai également joué de l'orgue (celui de mon frère) et de la batterie.

Une enfance heureuse en somme.

Scolarité normale : facilité à tout apprendre, j'étais toujours parmi les meilleurs de la classe. Seul bémol, j'étais très maigre, j'ai même été hospitalisé durant quelques jours vers l'âge de 14/15 ans (1m72 pour 36 kg), souvent des bronchites, mais c'est tout.

# Mon adolescence :

Pour moi, l'adolescence rime avec fin du collège et toute ma scolarité au lycée. Là tout commence à s'emballer. Premiers rapports sexuels à l'âge de quatorze ans avec une « fille » de vingt ans de plus que moi.

Rapports sexuels de plus en plus fréquents avec une ou plusieurs partenaires ou en groupe (heureusement que le sida n'était pas de la partie à l'époque).

A quatorze ans j'utilisais un Solex (l'ancien de mon frère), à quinze ans une mobylette à deux vitesses (l'ancienne mobylette de mon père) et à seize ans ma grand-mère m'a acheté une 125. J'étais toujours prudent (sur la route) mais pas dans les champs, forêts etc… C'était une 125 enduro que j'ai du vendre il y a deux ans pour subvenir à nos besoins quotidiens. De mémorables balades avec ma 125, j'avais toujours un deuxième casque avec moi (au cas où). Et bien sûr il y avait souvent des « cas où », surtout pour la 125, pas trop pour moi.

Les premières bringues, les premières cigarettes (mais je n'ai jamais touché à la drogue), les premières difficultés scolaires également. Rien de bien méchant, mais certaines matières ne m'intéressaient pas du tout.

Je ne sais plus vers quel âge, seize ou dix-sept ans, une période d'une quinzaine de jours où je ne pouvais plus écrire. C'est arrivé du jour au lendemain et cela a disparu du jour au lendemain. J'ai vu des médecins à ce moment là, différents examens dont un encéphalogramme. Résultat : rien à signaler, ils ne savent pas pourquoi. En fait je pouvais tout faire avec ma main droite, sauf écrire ou dessiner. Bizarre, mais çà ne m'est plus jamais arrivé.

Et puis en terminale (ma première terminale), une fugue involontaire. Au lieu de me rendre à mon lycée en bus comme d'habitude, je me suis retrouvé près de Kaiserslautern (en Allemagne). Je ne me souviens pas comment j'ai fait pour atterrir là-bas, mais je sais comment je suis rentré : en voiture, quelqu'un m'avait pris en stop et m'a ramené non loin de chez moi. J'ai pris le bus pour rentrer. Mes parents étaient inquiets, mais je ne me rappelle de plus rien : je suis allé vers le bus le matin (j'étais toujours en train de penser à quelque chose) et ensuite j'étais à Kaiserslautern). Examens médicaux etc. : rien à signaler, ils ne savent pas. Hypothèse avancée : il a été drogué. Drogué, mais quand, entre mon domicile et l'arrêt de bus, avec une flèche ou une sarbacane ?

J'ai tout de même obtenu mon Baccalauréat de technicien F2 (électronique) avec une facilité énorme (deuxième terminale), ainsi qu'un CAP d'électronicien d'équipement (en candidat libre) et le tout sans avoir besoin de réviser ou de travailler. Toutes les réponses « tombaient du ciel », je savais, un point c'est tout. Bizarre !

La musique, toujours la musique, je jouais souvent à la batterie dans des bals, mariages ou concerts improvisés. Soit avec une bande de copains, soit en remplacement d'un batteur. J'étais également souvent dans un « piano bar » de ma région, souvent il y avait des groupes de jazz qui jouaient. Il m'arrivait fréquemment de taper le rythme avec eux.

Et il y avait également tous les petits cabarets, bordels etc… que je fréquentais. C'était simple, ma grand-mère habitait une rue parallèle à la frontière entre la France et l'Allemagne et cette rue était pleine de ce type d'établissements. A seize ans je pouvais déjà fréquenter ces endroits, vu que tous les gérants me connaissaient. Le cinéma X de cette rue appartenait au père d'un de mes copains. Nous avons dû voir presque tous les films X qui sont sortis à l'époque.

# La période pré-adulte :

Mes parents ont construit une maison jumelée avec mon frère et sa femme et nous y avons emménagé après mon Bac. J'ai passé mon permis voiture que j'ai eu du premier coup (j'avais déjà le permis 125). Dans la foulée j'ai passé mon permis moto (grosses cylindrées) que j'ai également eu du premier coup.

Mon père me prêtait sa voiture de temps à autres, puis je me suis acheté une voiture d'occasion avant que ma grand-mère (eh oui toujours elle) ne m'achète ma première voiture neuve. En contre partie je la conduisais de temps à autres chez des amis, de la famille, faire les courses etc… (ce n'était vraiment pas contraignant, j'adorais ma grand-mère).

J'avais tout de même envie d'arrêter mes études et de commencer à travailler (je voulais gagner de l'argent). Première annonce, premiers tests, première embauche. Le Baccalauréat m'a été délivré en juillet et nous avons déménagé, nous partions en vacances en août, en septembre je passe les tests et début octobre j'allais bosser.

De plus comme j'étais parmi les cinq meilleurs dans les tests, on m'a embauché comme géomètre/géologue dans les mines de charbon. Pour cela il fallait d'abord passer par une formation interne à l'entreprise. Quelques mois comme mineur pour apprendre le métier (sur quatre postes), puis une formation de géomètre/géologue et ensuite une affectation dans un puits de mines pour « faire ses armes ». Le tout à nouveau avec une facilité déconcertante.

Cette vie me plaisait, nous étions « la grande famille de mineurs », tout le monde se serrait les coudes. Le travail pouvait être pénible, mais nous étions heureux. C'est également durant cette période que j'ai eu une petite amie avec qui je suis sorti deux ans (un record).

Puis arriva pour moi le temps du service militaire : Apte (Tests : Niveau Général vingt sur vingt, bizarre). Mais mon employeur avait négocié avec l'armée nos dates d'incorporation vu que nous devions encore finir notre formation (nous étions douze géomètres/géologues à être formés). Je ne pouvais donc pas suivre la préparation aux élèves officiers de réserve et la date choisie par mon employeur tombait mal pour devenir officier de réserve par la voie interne. Du coup j'ai fait une préparation de parachutiste (la solde était plus intéressante) et je me suis retrouvé dans un régiment du génie parachutiste pendant un an. Les classes, avec tout ce que cela comporte (surtout chez les paras), les sauts en avion, les manœuvres (avec des légionnaires) etc… tout cela était « facile » (on en bavait, il ne faut pas croire, mais sachant que cela durait un an, bof… c'est rien). Et une fois de plus, major de promotion dans toutes les épreuves que je passais (trop facile), j'étais affecté aux transmissions etc. Médaillé à la fin de mon service national (j'avais fait le carton plein, du coup il fallait bien qu'ils fassent un geste). Le colonel voulait me garder avec lui, mais j'ai décliné son invitation vu que j'avais un travail intéressant qui m'attendait.

Durant mon service j'ai rompu avec ma copine de l'époque. Trop jeunes pour vraiment comprendre nos sentiments l'un pour l'autre. Elle comme moi avions besoin de sexe et avec toutes les périodes de séparations ? ce n'était pas évident ni pour l'un ni pour l'autre de rester fidèle. Mais après vingt-cinq années où nous nous étions perdus, je l'ai retrouvée grâce à internet. Et maintenant elle m'apporte beaucoup. Durant un stage à Bordeaux (service militaire), nous avons été plusieurs fois chez des prostituées. Lorsque je rentrais chez moi avec le train, il fallait que je passe la nuit à Paris avant de repartir le lendemain chez moi. Du coup : prostituées, rencontres fortuites dans le train, nuits torrides, Paris by night etc.

Et puis arriva ce qui arriva. Je suis rentré en permission (alors que ce n'était pas prévu) en période de carnaval. Tous mes amis étaient à l'armée à ce moment là, je suis allé à une fête de carnaval et j'y ai rencontré ma future-ex. Et ceci dans une salle située dans le bâtiment où je travaille actuellement.

Durant cette période, à part une appendicite, rien de spécial. Je n'ai pas beaucoup grossi, toujours aussi maigre : soixante-quatre kilogrammes pour un mètre quatre-vingt-seize.

# Mes premières contraintes :

De retour du service militaire, j'entamai la suite de mon travail et commençai des séances de culturisme pour « prendre du poids ». Deux fois par semaine je faisais du « culturisme » (sans aucun produit gonflant ou anabolisant) résultat au bout de dix-sept mois: passé de soixante-quatre à quatre-vingt-quatre kilogrammes.

Plusieurs chantiers me sont attribués, le travail me convenait, les relations avec les collègues, les supérieurs et les aides géomètres etc... se passaient très bien. Beaucoup de mes conseils et méthodes ont été acceptés et utilisés dans le travail, mon style de management laissait perplexes certains « petits chefs » mais portait ses fruits (orienté participatif). Bien sûr il y avait aussi des heurts par moment (mais comme partout). Seulement ces heurts étaient francs, une fois les choses dites c'était bon, on ne revenait plus dessus et il n'y avait pas de coups fourrés. Il y a eu des accidents plus ou moins graves (avec des décès), le rôle du géomètre dans ce cas était de faire tous les relevés de l'accident. C'est à ces moments-là que j'ai vu les premiers morts et parfois pas beaux à voir (cervelles éclatées, corps broyés etc.). Il y avait aussi les manifestations « la colère des mineurs » avec des heurts très violents. Il ne faut pas « nous » prendre pour des idiots, toujours le même principe : ce qui est dit est dit et on ne revient plus sur cette décision. C'est la raison de toutes ces manifestations.

Il y avait également toutes les formations, Brevet National de Secouriste, Informatique etc. et l'introduction du Dessin Assisté par Ordinateur (D.A.O.). Bien sûr, c'est moi qui m'y collais (très simple à utiliser). Je voulais devenir ingénieur dans les mines, mais il y a eu l'annonce du dégraissage de l'effectif minier avec à la clef la fermeture programmée et définitive des mines.

A l'époque, le choix était simple, vu mon ancienneté, je ne pouvais pas finir ma carrière aux mines avant leurs fermetures définitives. Il me restait la reconversion. De toute façon j'avais déjà entamé des cours du soir en droit du travail, gestion du personnel, mais j'ai changé d'orientation vers l'informatique. Cours tous les soirs et souvent le samedi matin et le tout à cinquante kilomètres de chez moi. Ceci pendant cinq ans. Résultat : Bac + 2 (trop facile).

Durant cette même période, je me suis marié, deux mois après mon mariage, ma mère est décédée d'un cancer, deux mois après le décès de ma mère, mon père a eu un accident de voiture. Heureusement il s'en est sorti sans trop de casse, la voiture hors service. ( elle avait pris feu).

Dans la foulée j'ai eu une pneumonie, plusieurs médecins m'avaient ausculté jusqu'à ce que le dernier médecin m'hospitalise d'urgence (plus de quarante-deux degrés de température). Perfusions, antibiotiques etc… quelques jours à quarante , voire quarante et un degrés et enfin, la température commençait à baisser. Trois semaines d'hospitalisation, et quelques jours à la maison et c'était reparti.

Nous habitions dans une « maison individuelle groupée », c'est-à-dire une maison avec deux familles. Nous habitions à l'étage.

Nous avions donc un cent-dix mètres carrés avec quatre chambres garage, balcon, cave et jardin pour deux (logement attribué par l'employeur). Le chauffage était « gratuit » vu que nous bénéficions d'une certaine quantité de charbon par an (avantages en nature) qui couvrait largement les besoins. Mon Ex travaillait au début à mi-temps, elle avait également une petite voiture d'occasion. Nous avons ensuite acheté une petite voiture neuve (pour elle) et j'ai changé la mienne deux ans après. Pour les deux voitures nous avions des crédits. Nous partions en vacances presque tous les ans : Menton, Cannes, Hyères etc.

Je progressais normalement dans mon travail (échelon par échelon) mais l'idée de la fin des mines me sapait le moral. Les bons moments passés avec les collègues dont un qui restera gravé dans ma mémoire. Période de Noël : dans une galerie minière, du charbon, tout le monde était noir de poussière, il y avait des étais de bois partout. Cela m'a fait penser à une crèche surtout avec nos lampes de mineurs (lampe à flamme) comme seul éclairage à ce moment-là (nous avions éteint les lampes électriques de nos casques). Nous avons assemblé des rondins de bois pour former une grande table et nous avons tous pris notre « repas de Noël » autour de cette table. Français, Algériens, Tunisiens, Polonais, Italiens etc… quelle merveille !

Avec mon Bac+2 en poche j'ai préparé un concours d'entrée dans une école d'ingénieurs. Cette préparation, tous les samedis durant quelques mois, m'a permis de rencontrer d'autres gens de différentes entreprises. Il faut savoir que cette école d'ingénieurs ne formait que des personnes avec un Bac+2 et au minimum cinq ans d'expérience professionnelle. Tout ceci à cent kilomètres de chez moi.

Le concours réussi, j'intègre l'école pour deux années à temps complet (cinq semaines de congés par an). Très bonne ambiance, beaucoup d'expériences, beaucoup de fêtes, de séminaires, de voyages. Un séjour de trois semaines à Oxford pour le séjour linguistique avec une moyenne de douze pintes de bière en soirée et une infidélité.

Diplôme d'ingénieur en poche, j'allais changer de travail. (Je n'avais pas à me forcer pour suivre cette formation, c'était facile hormis les trajets de deux cents kilomètres tous les jours que nous faisions à deux pour se relayer). Durant cette formation et huit ans après notre mariage nous avons décidé d'avoir des enfants, première tentative, elle était enceinte.

Tout se passa bien jusqu'au huitième mois. Contractions, douleurs, je l'amène à la clinique (où elle était suivie). Salle de préparation, la sage-femme tente d'écouter les battements du cœur (rien). Un monitoring (rien), direction l'échographie. Première « image » que j'ai vue à l'écran : les poumons (cage thoracique) immobiles (j'avais compris) et le médecin qui dit « il n'y a plus rien ».

Ils procèdent à l'accouchement (sans ma présence) par les voies naturelles. Ils me présentent mon « fils ». Le médecin cherche vainement à dire, il y a certainement une trisomie etc. Rien n'y fait je demande une autopsie. Résultat transmis par ce médecin : thrombose du cordon ombilical (bouchon dans le cordon, le bébé n'est plus alimenté et meurt). Je demande à voir le médecin légiste qui nous dit que la thrombose était consécutive à la mort fœtale et non à l'origine. Le bébé est mort « empoisonné » par son liquide amniotique.

Entre temps il fallait encaisser le coup, s'occuper de mon ex, prévenir famille et amis (et proches), passer en mairie pour la déclaration de naissance et de décès. Et là on me dit « vous n'êtes pas obligés de le faire inscrire dans le livret de famille, il n'était pas né ». Mais il était vivant dans le ventre, il répondait à mes caresses, mes tâtonnements etc…Quelle horreur, c'est comme s'il n'avait jamais existé. De plus, comme le bébé n'était pas né, il n'y avait pas de « prime à la naissance » de l'assurance complémentaire, et plein d'autres détails administratifs que je me passerais d'énumérer ici (çà m'énerve).

Nous avons fait faire une petite tombe, un « service d'anges » et non un enterrement etc… Tombe sur laquelle je me rends une fois par an. Mon Ex était au bord de la septicémie, heureusement que sur conseil de son ancien employeur (gynécologue) elle a pu être auscultée par un hépatologue qui a tout fait pour la soigner. Nous sommes partis une semaine aux Baléares (pour nous changer les idées). Merci à la solidarité minière, ils nous ont trouvé un vol aller/retour, un hôtel pour pas trop cher. A notre retour direction un professeur conseillé toujours pour son ancien employeur. Celui-ci a examiné tous les dossiers médicaux de suivi de grossesse et à conclut à une cholestase gravidique.

Le gynécologue aurait dû se rendre compte. Nous savions qu'engager une procédure serait longue et insupportable. Dès que mon ex « alla mieux » nous avons remis cela et un an après est né mon fils actuel. Elle a été suivie par le professeur en question, et ce coup-ci tout s'est bien passé, et l'accouchement a été déclenché à huit mois et quelques jours (pour éviter tout risque de cholestase).

Il faut également savoir qu'en parallèle de tout cela il y avait des problèmes avec son employeur de l'époque (médecin spécialiste) et que je suis intervenu à plusieurs reprises avec l'aide d'un inspecteur du travail. Là aussi la solidarité minière a joué vu que les syndicats miniers connaissaient l'inspection du travail et j'ai pu être reçu par l'inspecteur en toute connaissance de cause. Les syndicats m'ont donné les points importants à présenter, du coup j'ai préparé de bons dossiers. Son employeur n'a jamais eu gain de cause. Je lui ai également « permis » de rester à la maison pour élever notre fils en restreignant quelques peu nos dépenses exorbitantes (je dirais plutôt ses dépenses exorbitantes). Elle a repris quelques petits jobs de temps à autre, à mi-temps etc… Elle ne supportait pas de ne pas pouvoir s'acheter ce qu'elle voulait (je ne suis pas millionnaire).

En même temps que toutes ces histoires se déroulaient, j'ai quitté les mines. Une annonce dans un journal, une lettre, un entretien, des tests et me voilà dans une administration en tant que contractuel (facile, il n'y avait que quatre-vingt-dix candidats). La perte de salaire était tout de même conséquente, je n'avais plus le logement gratuit (donc loyer à payer), je n'avais plus le chauffage fourni, ni le quatorzième mois de salaire. En revanche j'ai touché un petit pactole pour ma reconversion, pactole qui a gonflé avec une donation-partage de mon père, héritage de ma grand-mère qui est décédée. Du coup nous avons décidé de construire une maison. Dix ans après notre mariage, nous habitions une petite maison d'environ deux cent soixante mètres carrés, avec un garage pour trois voitures (nous n'en n'avions que deux), une terrasse de quarante mètres carrés et un terrain de vingt et un ares. Et tout ceci dans le « Beverly Hills » de notre commune.

Nos voisins, des gens simples, quelques directeurs d'entreprises, des médecins, des directeurs d'hypermarchés etc… mon ex était « dans son élément », seule tache au tableau : moi. Je ne gagnais pas assez pour mon ex, elle disait « avoir l'air conne » parmi ces gens, car elle n'avait rien à se mettre (les armoires débordaient), pas de chaussures (quelques trente ou quarante paires) etc. Je suis nul, pourquoi je ne gagne pas plus.

# La descente aux enfers :

Lentement, mais sûrement mon ex m'a « empoisonné ». Elle avait horreur des gens de ma famille, je les voyais de moins en moins jusqu'à ne plus les voir du tout, idem avec mes amis. Sa famille comptait plus. Il est vrai que j'aimais bien ses frères, sa sœur et ses parents. Des gens simples et charmants. Mère très compréhensive, un grand frère (l'aîné) discret mais présent quand il le fallait, le second marié et lorsque son fils est né mon ex est devenue marraine et moi parrain (pour la 2ème fois, je suis parrain du fils aîné de mon frère), le troisième (le plus présent et toujours prêt à donner un coup de main) et sa petite sœur (deux ans plus jeune que mon ex) problèmes sur problèmes.

Son troisième frère n'avait pas de chance, au chômage, touchant une minuscule indemnité due à un accident du travail. Malgré cela il se débrouillait, donnait des coups de mains partout. Je l'ai aidé à trouver un boulot de gardien d'immeubles, je lui ai fait réviser les maths, la technologie etc… Et voilà qu'il a eu un cancer décelé quelques jours après le baptême de mon fils (dont il était le parrain). Il est décédé 7 ou 8 ans après.

Sa petite sœur n'avait plus aucun lien direct avec sa famille, elle a été internée 3 fois dans des centres psychiatriques, elle vivait dans un petit studio que ses parents lui avait trouvé et dont ils payaient le loyer. Je faisais la navette plusieurs fois par semaine (comme de toute façon j'allais dans la même ville pour mes cours du soir). Je lui apportais les repas que sa mère avait préparés, le linge propre, je récupérais son linge sale etc… Je la sortais de temps à autre au restaurant ou en balade pour qu'elle change un peu d'air. Elle était très gentille, mais instable, elle pouvait changer du tout au tout en l'espace de quelques secondes, et seul moi j'arrivais à la raisonner et à la calmer. Il n'y a jamais eu de relations sexuelles entre nous, même si des fois de petits attouchements avaient lieu (de part et d'autre), mais je ne profite pas de la faiblesse des gens. Elle venait de temps à autres en « vacances » chez nous, et a déjà été plusieurs fois en vacances avec nous (Paris, Pays-Bas, Tunisie etc…) lorsque mon fils n'était pas encore né. A chaque fois nous avions droit à sa nudité lorsqu'elle se changeait ou prenait une douche etc… Mon Ex n'appréciait pas toujours, mais elle voulait que je m'en occupe et pas elle.

Elle a déménagé d'un studio dans un petit appartement que ses parents avaient trouvé (toujours en payant son loyer), j'ai fait son déménagement, retapé l'appartement etc… J'ai continué à la voir mais de moins en moins souvent, vu que mes cours du soir étaient terminés. Et lorsque j'ai quitté mon Ex, je n'ai plus jamais eu de nouvelles. Je l'ai aperçue de loin, le jour de l'enterrement d'un oncle à mon ex. Mais depuis plus de nouvelles.

Sa mère faisait tout pour maintenir paix et cohésion dans la famille, mais la pauvre femme avait un mari (très gentil) mais du style (c'est lui qui travaille, c'est lui qui décide). Un premier divorce du fils aîné, suivi d'un divorce du second, du décès de son troisième fils, des problèmes avec sa fille (mon ex belle sœur) et surtout de la froideur de mon ex et de ses « grands airs », elle était à plaindre la pauvre femme. Elle avait également des problèmes de cœur (santé) et avec mon Ex (secrétaire médicale et donc par là « très grande spécialiste des domaines médicaux ») elle ne pouvait pas faire grand-chose que d'écouter ses conseils. C'est d'ailleurs à ses parents que j'ai dit en premier mon intention de divorcer (et encore un divorce dans leur famille). Elle était au courant de tout ce que je vivais (pas de tout, mais d'une grande partie) et cela ne l'a pas étonnée, elle m'a dit qu'elle me comprenait, mais qu'elle n'arrivait pas à faire entendre raison à mon Ex (sa fille). Elle m'a remercié de tout ce que j'avais fait pour sa famille surtout pour sa seconde fille. Elle avait même, à un moment donné, payé des vacances à mon ex et moi (alors qu'ils n'avaient pas beaucoup d'argent) pour essayer de sauver le mariage. Mais rien n'y a fait.

Nous avions de gros problèmes d'argent vu que mon ex voulait vivre comme les gens de la « haute société », des fringues, des meubles, des bijoux etc… (pourquoi acheter une paire de chaussures à 15€ alors qu'on en trouve à soixante ou quatre-vingt-dix euros ?) Interdit de chèques etc… au lieu de virer l'argent d'un compte épargne pour combler le trou ? Nous avions chacun des comptes bancaires mais elle ne voulait plus faire de virements sur mon compte (le plus utilisé bien sûr). Le casse-tête pour moi pour m'en sortir. « t'es un grand nul, à cause de toi on est dans la m.... », « Regarde ton copain, lui au moins il a réussi » etc…

Il faut également arriver à vivre avec une personne qui faisait constamment la chasse aux microbes. Tout était aseptisé (des tonnes d'eau de javel, des antibactériens et toutes sortes de produits …). Dès qu'un vêtement tombait au sol il partait direct dans la corbeille à linge. Les rares personnes qui venaient nous rendre visite devaient soit mettre des pantoufles ou des surchaussures (qu'elle achetait en pharmacie). Les dimanches c'était le « gros ménage », alors soit on « s'accrochait aux lampes » ou on dégageait. J'ai opté pour la deuxième solution car elle avait en horreur quand mon fils ou moi traversions une pièce qui venait d'être nettoyée alors que nous sortions d'une pièce « non aseptisée ». Ceci m'a au moins permis d'être un peu seul avec mon fils et de faire certaines choses qu'elle n'aurait jamais tolérées. Promenades en forêt, piscine, aires de jeux, visite discrète chez mon père, mon frère etc... Mais je lui en parlais à mon retour pour éviter que mon fils ne soit dans une situation délicate (dois-je le dire à maman ou non ?). Lorsque je revenais d'une visite avec un petit billet (argent) pour mon fils elle ne disait pas grand-chose mis à part « ah, les radins ont tout de même donné à ton fils ! ». L'argent, toujours l'argent, « regarde ton frère, il se sert chez ta grand-mère, ce n'est pas une grand-mère si elle donne plus à un petit fils qu'à l'autre ». Mais elle oubliait que c'est lui qui s'occupait de faire les courses etc… depuis que je ne la voyais plus (à cause d'elle).

Et souvent elle surprotégeait mon fils. Il buvait « une tasse » dans le bain, elle se précipitait, poussait des cris etc… au lieu de me laisser faire. Du coup il était anxieux. Du savon ou du shampooing dans les yeux et c'était le drame. « Attention ceci, attention cela, ne fais pas ci, ne fais pas çà, il est con ton père, il ne connaît pas les dangers etc. ».

Nos rapports sexuels se sont, bien entendu, espacés de plus en plus avec des périodes de 1 à 2 mois sans rapports jusqu'à s'arrêter complètement (ce qui se comprend aisément) environ un an avant que je n'entame la procédure de divorce.

# L'enfer :

Alors que dans mon travail je progressais (j'étais responsable d'un service de nouvelles technologies), à la maison cela devenait intenable. Toujours l'argent, je ne gagne pas assez, tous les autres sont meilleurs que moi, c'est de ma faute si mon fils a des problèmes à l'école (au lieu de surprotéger mon fils elle aurait mieux fait d'ouvrir plus les yeux et fermer sa grande gueule). C'était toujours la faute des autres, des instits, des autres enfants mais jamais de la faute à mon fils. Il a fait deux écoles maternelles et trois écoles primaires différentes, en ayant changé plusieurs fois de classe au sein des différents établissements. Elle me reprochait de ne pas la soutenir lorsqu'elle agressait les instits ou les directeurs d'établissements. De toute façon il fallait que « j'arrondisse les angles » avec toutes les personnes qu'elle avait agressées. A chaque fois ils me plaignaient et ne voulaient plus que discuter avec moi en cas de problèmes avec mon fils.

Les engueulades s'amplifiaient de plus en plus à la maison et ceci devant mon fils. Lorsque je haussais le ton ou je tapais du poing sur la table elle disait à mon fils « tu vois ton père est fou » ou alors « t'as fini de traumatiser ton fils ». Mon fils se sauvait et pleurait. Alors qu'elle n'arrêtait pas de gueuler et de me rabaisser devant lui.

Au boulot tout a basculé également lorsque l'ancien directeur de cabinet a pris son départ à la retraite et qu'une nouvelle directrice de cabinet a été nommée. Son mépris des gens, son air « supérieur » a jeté un froid glacial. Seuls quelques irréductibles lui tenaient tête car elle ne voulait rien entendre. Maintenant j'avais un clone de mon ex au boulot. J'ai tout de même suivi diverses formations dont une débouchait sur un diplôme universitaire de second cycle (bof, un diplôme de plus pour faire beau – trop facile). J'ai tenté le concours d'ingénieur subdivisionnaire de la fonction publique territoriale (réussi, bien sûr). Mais lorsque j'ai demandé à être nommé (et de ce fait devenir fonctionnaire) l'autorité territoriale n'a pas répondu, du moins m'a fait comprendre qu'elle envisageait de me garder en tant que contractuel. Eh oui, je ne plaisais pas à la directrice de cabinet, vu que je ne me laissais pas marcher sur les pieds (il fallait bien que quelque part je résiste vu qu'à la maison cela allait mal). De plus je pense qu'inconsciemment je me vengeais en quelque sortes sur le clone de mon ex. Là je pouvais me le permettre, vu que mon fils n'allait pas subir cette « guerre ».

Heureusement les échéances électorales approchaient, et tout espoir était permis. Mais la pression sur mon lieu de travail augmentait. Appel à des cabinets de consultants extérieurs pour réorganiser toute l'administration. Qui mettait les pendules à l'heure ou faisait rectifier le tir ? Moi. Cabinets de consultants pour me mettre au placard. Ils devaient faire des propositions dans mon domaine de compétences. Toutes mes propositions faites depuis des années ont été stoppées (mais heureusement ont été reprises depuis). Notre directeur général a été remercié trois mois avant les élections. Plusieurs collègues et moi-même allions le soutenir moralement. Nous allions régulièrement lui rendre visite. Ma fin de contrat concordait avec le début de la campagne électorale : trente et un janvier 2001 fin de contrat, deux février 2001 inscription aux assédics etc... et prise de contact directe avec une liste d'opposition. C'est ainsi que je me suis retrouvé sur une liste aux élections municipales. Campagne électorale et tout ce que cela comporte. En fin de compte deux listes ont fusionné et un nouveau maire a été élu. En avril j'ai réintégré mon poste, mais en tant que fonctionnaire.

Deux mois de chômage cela n'arrangeait pas mes affaires vu qu'il y avait encore moins d'argent qui rentrait à ce moment là. De plus j'ai dû changer de voiture quelques mois auparavant. Depuis mon ex a ajouté un mot de plus à son vocabulaire hideux : « chômeur ».

C'était aussi durant cette période où je passais le plus de temps au boulot. De plus j'avais un accès internet et je pouvais tchater sur des forums. Plusieurs rencontres, plusieurs aventures (je dirais même beaucoup), divers voyages pour le boulot où à la clef il y avait toujours au moins une visite chez des prostituées à défaut de rencontres fortuites.

# Une lumière en enfer :

Fin août 2000 je dormais sur le canapé, j'en avais marre d'entendre toujours des critiques. Et fin décembre, j'ai déménagé quelques affaires (tous mes habits etc…) dans une pièce au sous-sol. J'ai changé la serrure de cette pièce pour être « tranquille ». C'est au sous-sol que je « vivais » jusqu'à fin mars 2002. Il y avait la machine à laver, des provisions, de la boisson, une salle de bain avec W.C. et le garage. Heureusement que j'avais commencé à équiper les pièces comme un petit appartement. Mais il n'y avait pas encore la cuisine.

Je pouvais monter lorsque Madame était partie et que je « devais » garder mon fils ou lorsqu'il y avait quelque chose à réparer.

Souvent j'allais au cinéma dans les villes avoisinantes ou rencontrer des gens que j'ai connus sur les tchats.

Au boulot, tout se mettait enfin en place, les projets etc.. Mais je pouvais également continuer à tchater. C'est là que j'ai « discuté » avec celle qui partage ma vie maintenant. Après plusieurs « discussions », nous avons échangé nos numéros de portables. Quelques coups de fils, des échanges de photos, mais cela s'arrêtait là. J'étais marié et de ce fait elle ne s'intéressait pas plus à moi. Puis nous avons organisé une petite rencontre avec plusieurs tchateurs et tchateuses. Ce fameux vingt septembre 2001 et là cela a été le coup de foudre réciproque (qui dure toujours). Elle avait appris entre-temps mon intention de divorcer, cela changeait tout. Au début nous nous rencontrions de temps à autre. Elle habitait à cent kilomètres de chez moi. Puis j'y allais de plus en plus souvent comme de toute façon il y avait la « guerre » à la maison, que j'avais trouvé des annonces que mon ex avaient faites pour des rencontres (surtout orientées cadres dirigeants etc…)

Mais il fallait également que je suive maintenant ma formation avant titularisation (fonction publique). Plusieurs fois cinq jours de formations à Nancy, Angers etc… A chaque déplacement à Nancy, où nous étions hébergés, je faisais le trajet Nancy/Strasbourg le soir après les cours et l'inverse le matin. Je me sentais revivre, j'étais (et je le suis encore) amoureux. Elle est d'une telle gentillesse, d'une telle douceur en plus d'être très belle. Je rêve, c'est super.

Entre temps j'avais prévenu mon ex de mon intention de divorcer. Je lui ai également fait part de ma rencontre avec quelqu'un d'autre, etc… D'abord elle a essayé de m'attirer à nouveau vers elle. Elle se déshabillait devant moi, voulais me faire des gâteries etc… Mais je suis resté de marbre et me suis retiré. Elle voulait tout reprendre à zéro, elle voulait changer (ce qui est impossible). Je lui ai dit qu'il était trop tard maintenant que je l'avais suffisamment avertie et que j'en avais marre de subir. Mon avocat lui avait adressé un courrier et la procédure s'est mise en route. J'ai eu droit à des engueulades monumentales toujours devant mon fils, des agressions physiques : jets d'objets, coups (que j'arrivais heureusement à esquiver), coups de balai (là je m'en prenais de temps à autre).

Et lorsque je me défendais en lui immobilisant les poignets, elle avait des marques (alors que moi, même avec les coups de balai, j'étais rouge sur le coup et dix minutes après plus rien). Elle en a profité pour faire constater à chaque fois ses marques. Elle s'en prenait également à ma voiture (que je fermais à clef) en entreposant des objets pour que je roule dessus et casse quelque chose. Une fois elle avait pris les habits que j'avais mis dans la machine à laver et les a étalés sur le sol dans le garage. Elle voulait défoncer la porte de la pièce où je me réfugiais. Quel cauchemar ! Je suis allé le plus souvent que possible chez mon Amour. Et quelques fois avec mon fils, cela ne la dérangeait plus car elle avait fait connaissance avec un chef d'entreprise (en plus imposé sur la fortune). Du coup, je « devais » de plus en plus souvent m'occuper de mon fils, vu qu'elle sortait. Noël 2000 et Nouvel an je les passai chez mon Amour (et dans sa famille) avec mon fils. Enfin, je pouvais vivre dans ces moments là. Mais les rares moments où je me trouvais face à mon ex dégénéraient presque tout le temps. Il était temps que je me barre. 22 mars 2002 : première entrevue devant le juge qui laisse à mon ex le soin d'habiter notre maison avec mon fils. Et moi j'avais fait « mes valises » et allais m'installer chez mon Amour. Enfin la Paix, enfin le Bonheur, je me sentais revivre.

Je faisais maintenant le trajet en train pour aller au boulot (deux heures de trajet le matin et deux heures le soir). Mon fils je le voyais un week-end sur deux. Je le récupérais le vendredi soir et le ramenais le dimanche soir, ainsi que la moitié des vacances.

# La trêve :

Un cadeau « tombé du ciel », mon Amour était enceinte. Le bonheur, j'allais enfin à nouveau être papa. J'ai pris toutes les précautions et elle était d'accord pour faire suivre sa grossesse là où mon fils est né. Comme elle avait des antécédents médicaux (trombophlébite cérébrale il y a quelques années, endométriose en 2001) je préférais qu'un professeur la suive. La grossesse s'est passée sans trop d'encombres, mis à part les piqûres qu'elle devait se faire tous les jours. Fin novembre 2002 notre fille est née. Nous étions heureux : le fruit de notre Amour, un cadeau du ciel sachant que mon Amour avait une endométriose un an auparavant. Notre vie a changé, nous pouvions reporter notre amour sur notre fille (d'autant plus que mon fils me manquait). Mon fils est venu voir sa petite sœur, tout content. Mais à son retour chez mon ex, elle lui dit : « ce n'est pas ta sœur, c'est ta demi-sœur ! ». Et moi j'avais droit à : « alors ta pute t'a fait une bâtarde ». Bof, je m'en foutais (sauf pour les termes utilisés) j'étais heureux.

Mon Amour avait également des problèmes à son travail (elle a été mise au placard) etc… du coup, plus question de retourner bosser là-bas. Nous avons décidé de nous rapprocher de mon lieu de travail. Nous avons acheté une maison (à crédit) vu que les locations revenaient presque aussi chères que le remboursement d'un crédit. Nous avons emménagé dans notre nouvelle demeure.

Je pouvais enfin aller au boulot, rentrer manger à midi etc… Pour mon fils c'était également mieux, plus de long trajet à faire pour me voir et je pouvais également le voir un peu plus souvent. Nous avions notre maison, plus besoin de faire attention au bruit, plus de bruits non plus (plus de voisins directs).

Mon ex en profitait également pour me « refiler » mon fils de plus en plus souvent en semaine pour le garder lorsqu'elle travaillait (mais elle encaissait toujours la pension alimentaire etc…) Mon Amour a dû se mettre en disponibilité pour deux raisons : elle n'avait pas trouvé d'affectation ici et elle souffrait énormément (dos, bas-ventre etc…) Des mois et des mois à chercher l'origine de ces maux. Tout y est passé des antalgiques, de la codéine, jusqu'à la morphine (qu'elle n'a pas supportée). Radiographies, échographies, scanners, I.R.M. : endométriose avancée. Seule solution : Hystérectomie avec exérèse des ovaires (l'horreur !). Le trois janvier 2006 l'opération a eu lieu. Les douleurs n'ont toujours pas entièrement disparu (et commencent même à refaire surface depuis).

Mon Amour est tombé dans une dépression depuis. Mais le fait qu'elle ne pouvait pas travailler nous entraînait au fond du gouffre. Plus de revenus, nous n'arrivions plus à rembourser les dettes, mon ex m'envoyait l'huissier vu que je ne pouvais plus payer la pension alimentaire. Nous avions envoyé tous les documents nécessaires pour la prise en charge de nos échéances de crédits, mais il a fallu plus d'un an de « batailles » pour qu'enfin les assurances prennent en charge une dizaine de mensualités. Mais en attendant, frais d'huissiers, frais de découverts, frais d'impayés etc… Pas moyen de refaire surface. Mon frère et ma belle sœur sont venus à notre secours (septmille euros que je ne sais pas comment leur rembourser). Mon Amour ne peut toujours pas travailler et ne touche pas de salaire) et moi je suis en arrêt depuis fin septembre 2006 pour dépression. Comment allons-nous faire ?

Entre temps, mon ex et moi avions vendu notre ancienne maison (ma part a servi à couvrir le découvert de l'époque, et rembourser un prêt relais). Le jugement de divorce est tombé en juillet 2005 et je devrais payer une prestation compensatoire de quinze-mille euros à mon ex. J'ai fait appel et depuis cela traîne. Je n'ai pas les moyens de payer le nouvel avocat en appel (ou difficilement). Mais en attendant je dois payer, payer et encore payer.

Mon père était atteint de la maladie d'Alzheimer, ct pas moyen de trouver un établissement d'accueil (listes d'attentes). Quand, enfin, nous avons trouvé un établissement, il a été hospitalisé quelques semaines après et est décédé fin 2008.

Tout ceci a également déteint sur mon travail, où je perdais de plus en plus de crédibilité, et je semble revivre la même chose qu'en 2000/2001. J'étais plusieurs fois en arrêt depuis un an : une semaine par ci, une semaine par là, parfois deux ou trois semaines et quelquefois un jour. A chaque fois pour « surmenage ». Cachet de magnésium, piqûres de magnésium etc… rien ne m'aidait. J'étais de plus en plus fatigué, de moins en moins d'envies, de moins en moins d'espoir. Comment faire pour s'en sortir ? Sachant que les moindre démarches prennent des semaines voire des mois, je n'ai même pas envie d'en entamer. Le divorce dure maintenant depuis cinq ans et ce n'est pas encore fini.

Nous sommes également harcelés par des textos ou sms de la part de mon ex. Toutes sortes d'insultes, injures envers moi mais également envers mon Amour qui n'est pour rien dans la rupture si ce n'est d'accélérer le processus vu que grâce à elle j'avais trouvé une certaine stabilité d'esprit (en plus de son Amour). Je ne tolère pas qu'on s'en prenne à des gens qui sont innocents et d'autant plus lorsque cela touche les personnes que j'aime le plus. J'en ai marre !

Quant à notre vie sexuelle, elle est morte et enterrée. Au début tout allait bien, c'était super plusieurs rapports dans la journée et dans la semaine. Puis il y a eu la grossesse (2002) avec quelques mois sans rapports. Après la grossesse (2003) environ un rapport tous les quinze jours, puis un rapport par mois (2004). En 2005 deux rapports en tout et pour tout (le quatorze et le quinze 15 février). Je m'en souviens bien car c'était pour la Saint-Valentin. Mon Amour souffrait (et souffre encore), endométriose et puis l'hystérectomie et la dépression. Mais moi je vais mal, très mal. Je ne me sens plus « homme ». Déjà que je ne sers à rien par ailleurs, alors là je ne sers à plus rien du tout.

Mis à part de rares collègues de travail, personne ne m'a contacté pour savoir comment je vais. Je n'existe plus !

Sous traitement depuis presque quatre mois, je suis fatigué, je n'ai envie de rien. Si je me lève tôt le matin j'ai des vertiges et je dois me coucher. Il y a des périodes de deux ou trois jours où je me sens un peu mieux (mais que les après-midi). Le matin, impossible de faire quoi que ce soit, si ce n'est de me mettre quelques instants devant mon ordinateur (un peu d'internet) ou, comme en ce moment, rédiger cette autobiographie synthétique. Cette rédaction est très dure à faire, cela fait quelques semaines que j'y « travaille ». A chaque fois je me rends compte que j'ai oublié quelque chose. Ensuite, il faut que je reste synthétique sinon je pourrais écrire des pages sur certains détails (une fois lancé) Il faut également que je me relise, que je me rappelle ce que j'ai déjà écrit et comme je ne peux pas me concentrer longtemps, c'est très dur. Le plus dur étant tout de même de « revivre » ces moments lorsque j'y pense (lorsque je les écris). Lorsque je veux faire la moindre petite activité cela me prend nettement plus de temps qu'auparavant (trois à quatre fois plus longtemps). Je suis obligé de m'arrêter très souvent pour « souffler ».

Les moments où je ne me sans pas bien (dégoût de tout, las, fatigué …) je dors, je regarde la télé par moments, je me force à me mettre devant l'ordinateur pour survoler internet et voir s'il n'y a pas quelque chose d'intéressant tout de même (mais cela dure cinq, voire dix minutes au maximum) car je suis trop fatigué.

J'ai souvent des vertiges le matin, environ une demi-heure après m'être levé. J'ai également, de temps à autres, des sensations de picotements dans les avant-bras, les mains, le visage (comme une sensation de suroxygénation). Et cette envie (ce besoin, cette nécessité) de fumer qui a augmenté. Je suis passé de quinze à vingt cigarettes par jour à plus d'une trentaine par jour (et encore je me freine, je compense par du salé, du sucré etc…)

# Le regard des autres :

Ce qui m'affecte le plus, c'est le regard des autres, ce regard d'incompréhension. Les gens confondent « coup de blues » avec dépression. Tout le monde a connu un « coup de blues », un moment de cafard une grosse fatigue, mais cela n'est rien à côté de notre état dépressif.

J'essaie toujours d'expliquer ce que l'on peut ressentir à ce moment là. Pour imager, mettez vous des lests de vingt kilogrammes à chaque bras de trente kilogrammes à chaque jambe et de cinquante kilogrammes sur le dos et essayez de faire vos tâches quotidiennes.

On a goût à plus rien, même notre aspect est secondaire. On a envie que d'une chose c'est qu'on nous laisse tranquille.

Les phrases du style « allez bouge », « secoue toi », « remue toi » raisonnent au début et nous font encore sombrer un peu plus, car nous nous sentons de plus en plus inutiles sachant que de toute façon nous n'arriverons pas à nous « secouer ».

Puis arrive le stade où nous ne prêtons plus attention à ces phrases car cela nous est complètement égal. « Qu'ils pensent ce qu'ils veulent, je n'ai pas envie ni la force de leur expliquer ».

Comme cette maladie n'est pas visible en soi, pas de fièvre, pas de bandage etc. tout paraît normal. Si tout est normal, il n'est pas malade.

La seule chose visible c'est ce manque d'entrain, cette fatigue constante, ce « goût à rien ». On sourit moins, on a moins de plaisirs, mais cela ressemble à une grosse fatigue. Quelques jours de repos et ça repart. Eh non çà ne repart pas.

Ce manque d'entrain se fait sentir d'une autre façon également, on est dénigré. On pense que l'on profite d'une sorte d'arrêt de travail de complaisance, mais au bout d'un an d'arrêt de travail ils doivent tout de même se rendre à l'évidence. Surtout qu'il y a à chaque fois une visite chez un médecin expert du comité médical et qui va dans le même sens que mon psychiatre.

C'est là que les collègues qui n'ont pas pris de mes nouvelles entre temps se posent des questions et n'osent même plus prendre de nouvelles.

Il en est de même avec les amis. On peut les compter sur les doigts d'une main et encore. On est vite oublié. Heureusement que la famille accepte cet état même si elle n'arrive pas à comprendre cet état.

# Le quotidien administratif :

Le plus dur dans cette maladie est le manque de concentration. Or nous sommes un pays de paperasseries. Pour la moindre démarche il faut remplir des tonnes de formulaires et lire des pages de textes. Pour cela il me faut des heures et il faut que je m'y reprenne à plusieurs fois. Il m'est même arrivé de lire un papier de mon assurance couvrant mon crédit immobilier et de comprendre exactement le contraire de ce qu'il y avait marqué. Je m'en suis rendu compte lors d'une troisième lecture (comme je suis obligé de reprendre plusieurs fois un texte).

Les assurances de mes crédits demandent tous les mois une attestation de mon employeur certifiant que je suis toujours en arrêt de travail. Ce qui fait que tous les mois je dois demander à mon employeur de me faire parvenir cette attestation afin que je l'envoie aux assurances. Cela a l'air de pas grand-chose, mais dans mon état cela demande beaucoup d'efforts.

Comme je ne travaille plus, mon salaire subit également une baisse avec toutes les conséquences que cela entraîne. Les achats alimentaires deviennent une corvée et on ne fait pas toujours attention aux dépenses. Nous voilà avec plusieurs factures impayées. C'est là que commencent les démarches pour établir un dossier de surendettement. Là je fais appel à une assistante sociale pour m'aider à constituer le dossier. Elle peut nous aider dans ce domaine mais ne peut nous aider financièrement car je gagne de « trop ». Photocopies, formulaires à remplir, se renseigner sur ce qu'on ne comprend pas etc…un parcours du combattant pour quelqu'un qui n'est pas du tout en forme. Puis l'attente, les éléments complémentaires demandés et à nouveau l'attente de la décision.

L'attente devient insupportable car elle freine toute action que l'on souhaiterait entreprendre dans les rares moments où l'on se sent un peu « mieux ». Cela continue à ruminer dans la tête. On ne peut se concentrer sur autre chose.

Les relations avec la banque deviennent plus froides. Soudain on ne vous roule plus un tapis rouge devant vous, mais vous prenez l'escalier de service pour y aller. Les autorisations de découvert disparaissent. Alors qu'on a déjà assez de mal à joindre les deux bouts on vous retire la bouée. En somme on vous demande de « rembourser » le découvert alors qu'on est déjà au plus bas. La carte bancaire est alors bloquée. On ne peut plus payer ni retirer de l'argent avec elle. Du coup il faut prendre la voiture pour aller à la banque et pouvoir retirer de l'argent. Et quand on n'est pas en forme c'est un calvaire. On paye les factures par mandat (encore des frais supplémentaires).

C'est un cercle vicieux qui se rajoute à toutes mes souffrances. Je n'avais pas besoin de cela. Et comment expliquer à toutes ces personnes qu'on ne se sent pas bien. Rien ne le montre on nous voyant.

# Le suivi médical :

Qui dit maladie, dit également soins. Comment se soigner ?

On prend des médicaments pour essayer de stabiliser le tout et on suit une psychothérapie, on va voir son psychiatre. On y va régulièrement, on aborde tous les sujets qui nous préoccupent et on attend « le » déclic, mais dans mon cas, ce déclic n'est pas encore venu. Au contraire avec tous les événements quotidiens qui me tombent sur la tête, il se fait attendre.

Je comparerai les médicaments à de la chimiothérapie pour l'âme et les consultations chez le psychiatre à de la radiothérapie de l'âme. Le mal est quelque part mais on ne peut opérer.

Pour ce qui est des médicaments, je prends depuis ma première visite chez le psychiatre, de l'Effexor 75LP à raison de deux par jour. J'ai également pris du lexomyl jusqu'à 6 comprimés par jour. Ceci m'a valu une hospitalisation pour me sevrer du lexomyl et passer au tercian. D'abord 100mg de tercian par jour pour baisser à 50mg en fin d'hospitalisation. Actuellement j'en suis à 2 comprimés d'Effexor 75LP par jour, 2 tercian 25mg par jour, 2 lexomyl par jour et 2 ikaran 5 mg par jour (pour faire remonter ma tension, car avec tout ces médicaments elle a fortement chutée)

Durant l'hospitalisation je n'étais plus confronté aux soucis quotidiens si ce n'est de savoir Dominique souffrante devant s'occuper de notre fille et d'elle-même. Je n'ai pas pu rester plus longtemps hospitalisé car je les voyais sombrer toutes les deux de plus en plus. Je suis donc sorti au bout de 10 jours. C'était trop tôt pour me remettre de tout ce quotidien pesant avant l'hospitalisation, mais je n'avais pas le choix.

Arrive alors ce qui devait arriver, j'augmente les doses de tercian jusqu'à trouver un juste équilibre qui se situe actuellement à deux comprimés de tercian 100mg par jour.

Ceci entraîne d'autres complications, le fait de conduire un véhicule. C'est là que je suis en colère car il n'existe rien qui permet de savoir si on est en état de rouler comme un alcooltest par exemple. Les médecins, pour ne pas prendre de risques, vous déconseillent de conduire (cela se comprend, je ferais pareil qu'eux). Mais voilà, habitant un village, comment se rendre en ville sans voiture ? Je m'arrange pour ne pas prendre le tercian du matin pour conduire. Mais il faut le prévoir par avance.

Voilà donc un souci de plus à gérer. Je dois passer à la banque pour retirer de l'argent pour pouvoir faire mes courses, mais je ne peux prendre la voiture car je suis sous médicaments. Je ne peux faire appel à un taxi car je n'ai pas assez d'argent. Nous voilà avec l'image d'un chat qui se mord la queue.

# Mon divorce :

Comme je l'avais écrit précédemment, je suis en instance de divorce depuis huit ans. La procédure en appel vient de se terminer. Pourquoi cela dure-t-il si longtemps ? Apparemment parce qu'il y a « trop de tribunaux ! », c'est ce que veut nous faire croire le gouvernement

Ce divorce est relativement rude et se prolonge dans le temps. Si au moins cela se passait « bien », mais non, il y a toujours des rebondissements et ceci, dans mon état, ne fait qu'envenimer les choses. Je n'ai plus la patience. J'ai envie que cela finisse au plus vite, je suis usé.

Madame avait pour habitude de nous envoyer l'huissier à chaque fois que la pension alimentaire ne pouvait pas être payée. A chaque fois je devais négocier avec lui une sortie honorable pour ne pas sombrer encore plus. Je puisais dans mes réserves aussi bien pécuniaires que physiques pour y parvenir.

Nous en sommes arrivés à avoir déposé un dossier de surendettement qui a été accepté. Je remercie encore l'assistante sociale et l'employée de la Banque de France, qui m'ont énormément aidé à constituer le dossier. Comme quoi il y a tout de même de rares personnes qui veulent aider.

Mon frère et sa femme nous sont venus en aide financièrement pour nous maintenir à flots. Je ne saurais comment les remercier. Mais tout cela pour le « bonheur » de Madame de Pompadour (mon ex).

Tout ce qui brille l'attire. L'argent, toujours l'argent. Elle ne fréquente pas les gens « simples ». Lorsqu'elle achète quelque chose à mon fils, il faut que ce soit du « haut de gamme ». Des chaussures à quatre-vingt-dix euros la paire, des cadeaux de Noël par tonnes. Alors que moi je ne peux rien lui offrir ou alors des choses simples. Je suis indigne d'être son père, voilà où tout cela me mène.

Je ne parle même pas des messages téléphoniques ou sms incendiaires que nous recevons lorsque tout ne va pas dans le sens de Madame.

Imaginez-vous que lorsque mon fils est malade elle veut absolument que je lui communique quels médicaments le médecin a prescrits. En somme je ne suis qu'une nourrice pour mon fils. Dès que mon fils fait des progrès à l'école, c'est grâce à elle, dans le cas contraire c'est ma mauvaise influence qui fait cela.

Dernièrement nous avons fait appel à une assistante sociale car mon fils s'automutilait dès qu'il était contrarié. Il faut savoir qu'il adore sa petite sœur (notre fille), mais comme dans toute les familles il y a de temps en temps une petite tension qui se créé entre les enfants lorsqu'ils jouent. Il s'est gratté le visage de rage.

Je ne voulais pas que cela continue ainsi et prenne de l'ampleur. Ne pouvant pas discuter avec mon ex à ce sujet, j'ai préféré faire appel à une assistante sociale pour voir la meilleure façon de gérer tout cela. Mais, comme vous pouvez vous l'imaginer, cela n'a pas plu à Madame. Comment une Madame de la « Haute société » peut être rabaissée à rencontrer une assistante sociale ?

En fait cela n'a fait qu'envenimer encore plus les relations avec mon fils, car Madame a expliqué sa façon de voir les choses à mon fils et l'a bien conditionné. Ce qui nous vaut maintenant des regards de dénigrement de la part de mon fils, même si je sais qu'au fond cela ne vient pas directement de lui, mais que c'est sa mère qui est derrière tout cela.

Un nouveau rendez-vous devrait être pris en présence de Madame, de mon fils, de l'assistante sociale et de moi-même pour voir les « progrès » qui ont été faits depuis une réunion similaire mais avec le professeur principal du collège où va mon fils.

Le jugement en appel, est enfin rendu, mais maintenant s'ouvre le délai pour un éventuel pourvoi en cassation. Cela n'en finira donc jamais ?

# L'aspect financier :

Qui dit maladie, dit également frais médicaux et perte de salaire. Entre les médicaments déremboursés, forfait sur les consultations et forfait sur les boîtes de médicaments cela engendre des frais supplémentaires annuels de l'ordre de deux cents euros. Oui nous sommes deux personnes à la maison à être malades avec suivi médical et médicaments à prendre. Le coût de l'assurance complémentaire a également augmenté, mais pas le salaire. Celui-ci au contraire a diminué d'environ un tiers au début et est maintenant de moitié. Ceci nous a valu des factures impayées, la pension alimentaire pour mon fils non réglée pendant deux mois. Oui mais comment faire pour payer si les frais augmentent et le salaire diminue.

Seul « ballon d'oxygène » la commission de surendettement, mais voilà, encore de la paperasserie à remplir. Heureusement le plan « provisoire » a été accepté, il suffit « simplement » de s'y tenir. Le problème c'est que nous n'avons pas pu régler la taxe d'habitation et la redevance télévision. C'était soit cela ou alors la pension alimentaire ne pouvait pas être payée.

J'ai bien entendu demandé un délai de paiement avec tous les documents à l'appui, mais cela a été refusé car j'avais proposé trop de mensualités. Comment m'en sortir ?

Il en est de même pour mon divorce, il faudrait que je paye une prestation compensatoire à mon ex alors que le partage du patrimoine n'est pas encore terminé et que, pour le moment, elle a touché plus sur la vente de notre ancienne maison que moi. Alors que c'est moi qui ai injecté le plus de capital dans cette maison.

En somme il faut d'abord vendre ses biens pour payer une prestation compensatoire pour ensuite normalement récupérer ce qui m'est dû. C'est vraiment le monde à l'envers.

Dominique ne travaille plus en ce moment pour problèmes de santé. Le seul problème c'est qu'elle ne touche pas d'argent car nous avons demandé la disponibilité pour elle (non rémunérée). Nous n'avions plus la force de faire face à tous les renouvellements de congé de longue maladie, les examens médicaux etc…Mais voilà que cet argent nous manque dans notre quotidien. Nous allons devoir faire le parcours du combattant pour faire une demande d'invalidité pour Dominique.

Etant dans la fonction publique il faudrait d'abord qu'elle réintègre son administration, reprenne un congé de longue maladie, éventuellement un congé de longue durée pour ensuite pouvoir bénéficier de l'invalidité si celle-ci est reconnue. Encore de la paperasserie et des examens en vue alors que nous sommes déjà submergés par tant de paperasserie et de consultations médicales.

Nous avions fait une demande de retraite pour invalidité en janvier 2009. Elle a passé tous les examens nécessaires et la commission de réforme a donné un avis favorable. Mais voilà qu'on nous annonce qu'elle ne peut en bénéficier, car elle est en disponibilité de la fonction publique et non active. Il fallait refaire une demande différente. La commission de réforme a à nouveau donné un avis favorable. Mais nous sommes sans nouvelles depuis. Cela fait plus d'un an que nous avons demandé la retraite pour invalidité, et ce n'est toujours pas réglé.

Apparemment je gagne trop pour pouvoir bénéficier d'une aide financière. Or je dois nourrir trois bouches et parfois quatre, quand mon fils est chez nous. On ne tient pas compte de la pension alimentaire que je dois verser tous les mois. D'abord on demande le salaire net avant impôts et si là on dépasse le plafond c'est raté. Or si on prend ce même salaire et on déduit la pension alimentaire etc… on verrait qu'il ne reste plus grand-chose pour vivre.

Se rajoute à tout cela le fait que mon employeur n'a pas voulu appliquer un décret me permettant de gagner convenablement ma vie. Comme souvent, lorsqu'on est fraîchement embauché on essaye de profiter de la fébrilité des nouveaux embauchés (moi en l'occurrence). La seule façon d'avoir gain de cause aurait été de mettre mon employeur devant le tribunal administratif. Cela ne fait pas le meilleur effet.
Du coup on attend et on se dit, ça viendra déjà. Mais rien ne vient et lorsqu'on est au plus mal, on vous retire encore de l'argent. Etant le dos au mur j'ai cherché à voir comment m'en sortir. Entamer une procédure demande de l'argent, que je n'ai pas, mais heureusement j'ai vu que j'avais droit à un avocat grâce à l'assurance habitation et j'ai pu démarrer les négociations.

Je ne récupérerai pas la totalité de la perte de salaire depuis 2001, mais à compter de 2003. Seules quatre années avant le début de la négociation sont prises en compte (pour le restant il y a prescription). Mon avocat avait envoyé un courrier recommandé avec accusé de réception à mon employeur demandant le payement des sommes dues. L'employeur a répondu par la négative. Et voilà que cela fait déjà plus de deux ans que cette affaire est au tribunal administratif et rien ne bouge

Autant dire que l'employeur va faire traîner le tout car les textes me donnent raison. Il va certainement tout mettre en œuvre pour ne pas avoir à payer rapidement. Je ne connais pas les délais de procédures ni d'appel. Donc encore une source de revenus en suspens.

Si l'on cumule tous les revenus en suspens, je devrais pouvoir vivre correctement pendant un certain temps, mais voilà tout ceci n'intéresse pas les banques, car c'est hypothétique et en attendant je dois continuer à payer toutes les factures alors que je n'ai pas assez de revenus.

## Ma compagne :

J'ai rencontré l'amour de ma vie il y a huit ans maintenant. Un peu avant ma procédure de divorce. Ce n'est pas sa rencontre qui m'a poussé à divorcer, mais cela m'a un peu plus stimulé pour le faire. De toute façon j'avais déjà entamé les démarches auprès de mon avocat.

Ce fut une bouffée d'oxygène dans ma vie. Un changement radical de mode de vie. Je ne suis plus persécuté, mais libre. Je n'ai plus besoin d'être sur mes gardes tout le temps.

Pourquoi une personne aussi douce et attentionnée doit-elle autant souffrir ? J'ai l'impression que tous les malheurs du monde lui tombent dessus.

Il y a dix ans elle a failli mourir suite à une thrombose cérébrale. Depuis elle est sous traitement. Lorsque je l'ai connue, elle sortait tout juste d'une endométriose. Sans compter d'autres séquelles de « petits accidents ».

Nous avons eu la chance de voir naître notre fille, car peu de temps après sa naissance, Dominique fit à nouveau une endométriose. Des mois et des mois de souffrances jusqu'à être obligée de faire une hystérectomie totale. Suite à cela les maux de têtes reprenaient de plus belle. Je ne compte plus le nombre de consultations chez les spécialistes, les scanners, les IRM etc…

Les professeurs qui la suivaient ont tenté l'implantation d'un stent dans une veine au cerveau. La circulation du sang dans le cerveau s'est améliorée mais les maux de têtes persistent. Toutes ces interventions ont été faites en radiologie interventionnelle. A chaque fois des séances de deux à trois heures pour vous dire le nombre de doses de rayons qu'elle a eues. Bien sur les cheveux tombent comme lors d'une radiothérapie.

Elle était partie en cure pour trois semaines prochainement. Cela ne pouvait que lui faire du bien. Sortir un peu de tous ces tracas quotidiens. Mais voilà, une cure se paye. Même si la majorité des soins et déplacements sont remboursés, il n'en manque pas moins qu'il faut avancer l'argent et lorsqu'on est déjà endetté ce n'est pas évident.

On lui a également découvert un méningiome. Celui-ci est à surveiller car il peut grossir. Il est mal placé pour une intervention chirurgicale au cas où il grossirait trop vite. Comme quoi, il y a toujours autre chose en suspens.

Elle a également été suivie par un psychiatre pour dépression, mais elle a dû arrêter de consulter car elle avait trop mal à la tête et cela ne lui faisait pas de bien de ressasser d'anciens souvenirs. Elle est toujours en dépression mais non suivie actuellement. Elle en a marre de toujours voir des médecins.

En attendant elle continue de souffrir. Le seul moment où elle va à peu près bien c'est lorsqu'elle dort. Mais là encore il ne faut pas qu'elle se réveille en pleine nuit suite à un cauchemar. Mais elle en fait souvent.

Etant moi-même à la maison toute la journée, je me rends mieux compte de ce qu'elle endure. Je lui prépare les médicaments pour la journée, j'essaie de la préserver. Mais quand on est soi-même pas en forme, ce n'est pas évident.

Elle a été hospitalisée plusieurs fois ces derniers temps, et là elle attend à nouveau une date d'hospitalisation. Cette fois-ci pour sa dépression. Mais les places sont rares et cela fait depuis 5 mois qu'elle attend.

Elle est également atteinte d'épilepsie, d'hémiparésie etc… ce qui lui a valu l'attribution de la carte d'invalidité à plus de 80% et de la carte de stationnement. Mais là encore il fallait attendre près de 6 mois pour les obtenir.

Tous les lundis matins je lui prépare son semainier avec tous les médicaments qu'elle doit prendre. Je ne compte même plus le nombre de boîtes de médicaments différents dont elle a besoin dans un mois.

# La famille :

Heureusement la famille est là pour nous soutenir. Même si tout le monde ne comprend pas trop notre état. Nous ne pouvons pas non plus tout leur expliquer car ils se feraient encore plus de soucis pour nous. Le père et la mère de Dominique ont divorcé et ont chacun refait leur vie. Pour moi, ma mère est décédée il y a vingt-et-un ans déjà et mon père vient de décéder le mois dernier. Cela fait bizarre d'être « orphelin » maintenant.

Dominique a, tout comme moi, un frère plus âgé qu'elle. Mais celui-ci a quatre fils et donc ses propres problèmes à gérer. Il n'a pas beaucoup de temps à nous consacrer, ce qui se comprend, mais il est tout de même présent à nos côtés comme il le peut. Il faut aussi dire qu'il n'habite pas la porte d'à coté.

Son père vit sa vie auprès de sa femme. Lui aussi habite assez loin de chez nous. Mais il vient nous voir quand il le peut.

Sa mère habite à une dizaine de kilomètres de chez nous et peut venir nous voir régulièrement. Elle nous aide par exemple pour garder notre fille ou faire un peu de repassage ou de ménage lorsque nous n'y arrivons pas. Mais je soupçonne également une dépression naissante chez elle. Elle se fait toujours énormément de soucis pour sa fille (ce qui est normal pour une mère). Elle commence à comprendre que lorsqu'on est en dépression on n'arrive pas à faire toutes les tâches quotidiennes.

Mon frère et ma belle-sœur sont ceux qui nous comprennent le mieux, ils nous aident comme ils le peuvent. Ils habitent à une vingtaine de kilomètres de chez nous. Nous les voyons régulièrement.

Au début, la famille ne comprenait pas trop mon arrêt de travail. Elle pensait surtout à du surmenage. Mais comme cet arrêt se prolongeait, les parents de Dominique s'inquiétaient surtout pour notre avenir. On nous « poussait » à réagir, mais cela ne sert à rien de pousser quelqu'un dans notre cas. C'est plutôt l'effet inverse qui se produit. Nous nous réfugions dans notre grotte.

Maintenant que je suis en congé de longue durée, ses parents se soucient encore plus pour notre avenir car à la fin de ce congé de longue durée il y a soit la reprise du travail, soit l'invalidité. Il y aurait donc encore une plus grosse perte de salaire. Déjà que nous n'arrivons pas à nous en sortir en ce moment, ce serait pire.

Mais pour le moment je ne me vois pas du tout reprendre un travail. Surtout pas celui que j'avais avant d'être malade. J'en suis dégoûté. Le même travail chez un autre employeur ne me conviendrait pas car c'est carrément ce travail qui me dégoûte. Comment expliquer cela à la famille ?

# Les amis :

C'est dans ces moments là que l'on peut compter ses amis sur les doigts d'une main. Une main suffit largement, il y a encore de la marge.

Je ne parle même pas des collègues de travail. Très peu ont pris de mes nouvelles depuis que je suis en arrêt de travail. Au début certainement parce qu'ils pensaient à un arrêt de travail de complaisance et maintenant parce qu'ils se sentent idiots de ne pas avoir pris de mes nouvelles plus tôt.

Seule ma secrétaire prend régulièrement de mes nouvelles. Elle s'est d'ailleurs déplacée pour l'enterrement de mon père. Aucun autre collègue de travail ne s'est rendu à l'enterrement comme il est coutume dans pareil cas. Pas un représentant hiérarchique, pas un élu. Je suis franchement très déçu par ce comportement.

Il faut dire que j'ai l'habitude de la solidarité. Je travaillais dans les mines et dans les mines la solidarité s'écrit en grand. Je l'ai d'ailleurs à nouveau vu lors de l'enterrement de mon père. Tous ses anciens collègues de travail, la famille, les amis, des portes drapeaux etc… c'était très émouvant.

Je suis également particulièrement déçu d'un ami qui nous rendait régulièrement visite. Celui-ci ne s'est plus manifesté depuis longtemps. Dominique l'avait prévenu de mon hospitalisation et il lui avait dit qu'il allait me contacter prochainement. Je l'avais moi-même appelé et il m'a dit qu'il me contacterait dès qu'il le pourrait, il ne l'a jamais fait.

Nous avons également perdu tout contact avec d'anciens amis de Strasbourg, où nous habitions il y a cinq ans. Plus de nouvelles. C'est comme si nous n'existions plus. D'ailleurs nous n'existons pas, sauf pour les factures.

Nous avons encore un couple d'amis qui nous contactent régulièrement, mais ceux-ci ont déménagé vers la Bretagne à cause de la mutation du mari. Donc encore des amis qui s'éloignent. Nous restons seuls sur notre île perdue au milieu de l'océan d'hypocrisie.

Dernièrement une main se tend vers nous. C'est cette fille que j'avais connue il y a plus de 25 ans. Elle prend de mes nouvelles tous les jours par internet et voudrait nous aider comme elle le peut. Mais ce n'est pas facile à gérer, car c'était mon ancienne petite amie de l'époque et Dominique doit craindre qu'elle ne veuille me reprendre pour elle. Il n'en est rien cependant. Je pense qu'une rencontre entre elles pourrait lever les doutes de Dominique

Pour ce qui est des faux amis, je préfère plutôt dire âmes errantes.

# Ma vie en tant que « dépressif » :

Je pense que tout a vraiment commencé il y a dix ans environ. A l'époque je travaillais sous contrat dans une collectivité territoriale (une mairie). Tout se passait bien jusqu'au jour où débarque une nouvelle responsable de la communication qui très vite allait devenir directeur de cabinet de l'ancien maire. Toute la hiérarchie était chamboulée, les façons de travailler, les relations avec le maire, rien n'était plus pareil. Si au moins cela l'avait été pour le mieux, mais là c'était pour le pire. Il n'y avait plus de climat de confiance. Il y a eu audit sur audit et cela n'a fait qu'aggraver le climat déjà morose à ce moment-là.

J'étais un des seuls à m'exprimer encore et encore et à faire part de mes inquiétudes, d'essayer de faire comprendre au maire qu'il prenait la mauvaise direction, mais j'étais de plus en plus poussé vers une voie de garage. A l'époque j'étais responsable de l'organisation des systèmes d'information. Cela englobait l'informatique, la téléphonie, la reproduction (photocopies etc… C'était un poste transversal qui touchait tous les services de la mairie.

J'avais à l'époque passé et obtenu le concours d'ingénieur territorial. Il suffisait à ce moment-là de me nommer stagiaire pour devenir fonctionnaire. Mais l'ancien maire ne l'entendait pas ainsi, alors que quelque temps auparavant il m'avait nommé responsable de ce service.

C'est également à cette période que mon couple battait de l'aile. J'étais de plus en plus dénigré, humilié devant mon fils. Traité de tous les noms car je ne gagnais pas assez d'argent. Mon ex me donnait constamment des exemples de gens qui gagnaient plus que moi. Je n'avais qu'à me plier au travail pour que ça aille mieux. Mais le problème c'est que maintenant j'avais un clone de mon ex au travail. C'est très difficile à supporter.

J'étais constamment fatigué, amaigri. Je ne me sentais pas bien dans ma peau. Critiques à la maison, critiques au travail et tout cela toujours par les deux mêmes personnes, deux dragons à combattre.

Arrive le mois de janvier 2001, mon contrat de travail touchait à sa fin. J'ai redemandé une nième fois que l'on me nomme stagiaire pour devenir ingénieur territorial à la suite de mon concours que j'avais réussi il y a plus d'un an déjà. Je n'ai eu comme seule réponse qu'éventuellement un nouveau contrat de travail pourrait être proposé mais certainement pas ce que j'avais demandé. J'ai bien fait de ne pas attendre car je pourrais encore attendre maintenant ce renouvellement de contrat qui n'est jamais venu.

C'est alors que début février je me rends aux assedics pour m'inscrire comme demandeur d'emploi. En même temps c'était le début des élections municipales de 2001. Je me suis inscrit sur une liste d'opposition au maire sortant. Comme j'étais au chômage, je pouvais me consacrer pleinement à la campagne électorale.

Cela ne plaisait bien sûr pas à mon ex, qui me traitait de chômeur, de moins que rien. Pourquoi n'ai-je pas simplement fermé mon clapet, je n'aurais pas été au chômage. Elle oublie cependant que j'étais mis sur le banc de touche avec aucun avenir. Mais il n'en fallait pas moins pour ajouter encore une couche aux frictions quotidiennes avec mon ex.

Je me réfugiais donc dans cette campagne électorale. Je faisais les permanences, les meetings, les courriers en présence d'autres colistiers. Pour une fois je me sentais à nouveau utile. Je me sentais bien entouré de tout ce monde. Nous travaillions pour un but précis. Voire l'élection de notre tête de liste.

Mais voilà, les élections sont des élections et notre liste n'est arrivée qu'en troisième position, juste derrière celle du maire sortant. Nous aurions pu maintenir notre liste, mais comme le message des électeurs était clair « changer de maire ». Plutôt que de prendre un risque si jamais les voies s'éparpillaient nous avons proposé une fusion des listes avec la liste arrivée en tête du premier tour.

La fusion a eu lieu, je me suis retiré des candidats ayant l'assurance que si la tête de liste devenait maire, il me reprendrait à la mairie et me nommerait stagiaire dans la foulée. Il faut dire que la tête de liste n'était autre qu'un ancien adjoint au maire sortant qui a démissionné de son poste d'adjoint pour conduire sa propre liste d'opposition.

Avant que mon contrat de travail n'arrive à sa fin, j'avais fait part à cet adjoint que je n'allais plus voter le maire sortant et que s'il restait sur sa liste je ne voterai de ce fait pas pour lui. Je n'avais rien contre lui, mais il devait prendre une décision. Il m'avait dit qu'il n'avait pas encore décidé ce qu'il allait faire, mais s'il menait une liste serais-je d'accord pour participer à sa liste ? Je lui ai répondu que s'il m'avait demandé cela plus tôt j'aurais certainement accepté, mais là je m'étais déjà engagé auprès d'un autre candidat. Je n'ai qu'une parole et je n'y déroge pas.

Il a très bien pris la chose, voyant que je reste fidèle à mes convictions et à ceux qui me font confiance. J'avais également été là lors des négociations de fusion de listes. Et j'ai accompagné notre tête de liste lors de la signature des accords pris pour cette fusion de listes.

Durant toute cette période je puisais dans mes réserves. Presque tous les jours je rentrais entre minuit et trois heures du matin. Je me réveillais à sept heures du matin pour ensuite ramener mon fils à l'école. Puis je me retranchais à nouveau dans ma pièce au sous-sol de notre maison. C'est là que je vivais, vu que mon ex m'avait « interdit » l'accès des pièces d'habitation de la maison. Je n'y avais accès que lorsqu'elle avait un problème ou lorsque je devais garder mon fils lorsqu'elle s'absentait.

Vous ne pouvez vous imaginer combien cela fait mal d'entendre son fils parler dans les pièces du dessus au moment de se coucher alors que j'essayais de l'entendre à défaut de le voir et de lui souhaiter une bonne nuit. Quand j'y pense cela me fait encore très mal.

Je faisais également des recherches d'emploi durant la même période, vu que j'étais au chômage. Il fallait mener plusieurs batailles de front.

Le second tour des élections donnait lieu à un plébiscite pour la liste fusionnée. La tête de liste devenait le nouveau maire et tous les espoirs étaient permis. Lorsque je croisais d'anciens collègues de travail, ils m'ont dit qu'ils étaient soulagés car la mairie était invivable durant la campagne électorale. Tout le monde rasait les murs à cette époque.

Début avril je reprenais donc du service en étant nommé stagiaire. Mais quelque chose me chagrinait déjà. Lorsqu'on avait abordé le problème du salaire, le nouveau maire semblait un peu réticent à me donner un peu plus que je ne gagnais avant la fin de mon contrat de travail en janvier. Il aurait pu le faire car le salaire des fonctionnaires est réglementé, mais il a préféré faire le minimum nécessaire d'après lui.

Bon, peu importe, j'étais nommé stagiaire et je reprenais à nouveau mon travail, je retrouvais les collègues etc… Le travail se déroulait mieux qu'avant, on écoutait mes conseils, on travaillait d'arrache pied pour faire en sorte que la mairie puisse fonctionner convenablement.
En même temps mon ex n'arrêtait pas de me parler de mes deux mois de chômage, du fait que j'avais perdu de l'argent, que là encore je me faisais avoir concernant mon salaire avec tout ce que j'avais œuvré durant la campagne électorale. Mais elle oubliait qu'elle ne m'avait jamais soutenu dans ces moments là et qu'elle continue encore à me critiquer.

Les premières réunions se passaient bien. Le bureau des adjoints (réunion préparatoire à un conseil municipal) se terminait souvent par un repas pris au restaurant le soir. C'est lors d'un de ces repas que j'étais pris d'un malaise et que je me suis ouvert le cuir chevelu. Transporté en ambulance des pompiers aux urgences, on m'a fait plusieurs points de suture.
Le soir même je suis rentré chez moi, toujours dans ma pièce au sous-sol.

Le lendemain, je me suis, bien sûr fait traiter de tous les noms par mon ex, c'était bien fait pour moi etc… Toute l'année 2001 se déroula de cette façon et un jour j'en ai parlé à mon avocat. Je lui ai dit que je voulais divorcer. Mon avocat n'était autre que la tête de liste du premier tour des élections municipales.

Nous en avons discuté longuement et nous avons convenu d'envoyer un courrier à Madame dans lequel je lui ferais part de mon intention de divorcer et si possible de le faire à l'amiable.

Madame l'a très mal pris bien sûr. Ce n'était pas le bon moment pour cela, un mois avant Noël apprendre cette intention de divorcer. Mais peu importe, je n'en pouvais plus et de toute façon ce n'aurait jamais été le « bon » moment.

En parallèle j'ai fait connaissance de mon Amour. Ce n'était pas prévu, car je voulais d'abord souffler un peu, mais le coup de foudre a fait le reste. Et je ne le regrette nullement malgré tous les soucis que je connais aujourd'hui.

J'allais enfin revivre. Cela fait bizarre de ne pas se faire traiter de tous les noms d'oiseaux, d'être toujours bien accueilli. D'avoir enfin un peu de calme et de compréhension.

Les semaines qui suivirent notre rencontre étaient chargées. Dès que je le pouvais j'allais la voir. Même si c'était à une centaine de kilomètres de chez moi.

Bien sûr lorsque je l'ai appris à mon ex, elle n'était pas contente du tout. Mais de toute façon ça ne pouvait pas être pire que ce ne l'était à ce moment là.

De toute façon j'avais trouvé dans les affaires que mon ex laissait quelquefois traîner à la maison, des coupons d'annonces de rencontre et même une copie d'une réponse qu'elle a adressée pour une annonce.

Donc plus de regrets à avoir, si des fois il y avait encore des regrets. Le seul regret était mon fils. Mais je préférais qu'il me voie moins souvent mais dans de bonnes conditions, plutôt que de me voir un peu plus souvent mais dans une ambiance désastreuse.

En fin de compte je voyais mon fils plus souvent, vu que Madame allait sortir plus souvent. Elle avait donc besoin d'une nourrice pour mon fils, c'est-à-dire moi. Elle avait également rencontré quelqu'un. Apparemment à son goût, quelqu'un en Jaguar. Je prenais même le soin de la prévenir avant de rentrer chez moi (au sous-sol) pour qu'elle ait le temps de partir avec son amant. Il faut dire que je n'avais rien contre son amant que je ne connaissais pas encore.

L'idée qu'elle fasse sa vie me convenait, vu que je pouvais faire la mienne. Mais il y avait toujours ces heurts lorsqu'on se croisait. Si bien qu'à Noël de la même année, elle commença à nouveau une dispute. Plutôt que de passer Noël dans le sous-sol en entendant mon fils au dessus et ne pas pouvoir le voir, j'ai préféré rejoindre Dominique. La neige tombait beaucoup cette année-là. Je me rappelle avoir roulé à environ 30 ou 40 km/h sur l'autoroute tellement il neigeait. Mais je suis arrivé à bon port et j'étais accueilli à bras ouverts.

Pour Nouvel an c'était également « marrant » puisque Madame voulait sortir et me laissait mon fils. Du coup je suis allé avec mon fils chez mon Amour. Nous avons tous été invités chez son frère et nous y avons passé la nuit du réveillon. Madame était au courant mais apparemment cela l'arrangeait bien. En somme je faisais à nouveau la nourrice. Mais au moins je voyais mon fils et celui-ci était content de passer Nouvel An avec moi.

Concernant mon travail, je devais suivre la formation avant titularisation. C'est-à-dire suivre des cours pour devenir fonctionnaire (eh oui, il faut cela). La majorité de la formation se déroulait à Nancy, soit à une centaine de kilomètre de là où j'habitais (au sous-sol). Je dormais donc sur place à Nancy dans l'école même car il y avait des chambres. Mais dès que les cours étaient terminés le soir, je repartais en direction de Strasbourg (soit environ deux cents kilomètres) pour aller rejoindre mon Amour. Et le lendemain matin je faisais la route dans l'autre sens pour être à l'école avant le début des cours. Ceci arrivait souvent.

Le 25 mars 2002 a eu lieu la séance de conciliation devant le juge aux affaires familiales. Madame garde l'hébergement (c'est-à-dire le droit d'habiter dans notre maison) et elle bénéficie de la garde de mon fils. J'avais déjà pris la précaution d'emmener mes affaires et une petite penderie chez mon Amour quelques jours avant cette séance.

Maintenant je devais faire le trajet Strasbourg jusqu'à mon lieu de travail tous les jours. Pour cela j'ai pris un abonnement pour le train. Il y avait en tout deux heures pour un trajet tramway et train. Soit quatre heures par jour à se déplacer. Peu importe, je me sentais mieux ainsi. Dans le train je pouvais continuer de travailler sur des dossiers ou dormir encore un peu le matin.

Mon Amour était enceinte, quelle merveille. Mais comme elle avait des antécédents médicaux, j'ai préféré qu'elle soit suivie par des spécialistes en la matière. Elle était donc suivie par un professeur sur la région de Strasbourg. Elle était vraiment bien suivie et nous étions rassurés.

J'avais mon fils une fin de semaine sur deux et la moitié des congés scolaires. Nous allions souvent nous promener, visiter la région etc… Ce furent de vrais moments de bonheur.

En même temps j'étais titularisé en tant qu'ingénieur territorial. Là se profilait un point de désaccord entre mon employeur et moi. Un décret était paru au journal officiel et j'ai demandé d'en bénéficier. Seulement l'interprétation faite par les ressources humaines était différente de la mienne. La seule façon d'avoir raison aurait été de porter l'affaire devant le tribunal administratif, mais étant fraîchement titularisé je me suis dit que cela pouvait attendre et je pourrais toujours démontrer que mon interprétation était la bonne.

Durant toute cette période Madame m'envoyait plein de textos (ou sms) avec des textes à ne pas mettre entre les mains d'enfants. Elle continuait à m'insulter par téléphone, traitait mon Amour de salope, de pétasse etc… Mais mon Amour n'y était pour rien dans tout cela. Et ceci elle ne l'a toujours pas compris jusqu'à maintenant. Elle pense encore maintenant que je l'ai quittée pour elle.

Le trajet pour aller au travail commençait à me peser de plus en plus. Nous avons donc décidé de nous installer plus près de mon travail. Mon Amour pourrait demander un détachement dans les alentours. Nous avons donc prospecté pour louer un appartement. Mais lorsque nous avons vu le prix des locations nous avons perdu tout espoir. Je me suis tout de même renseigné auprès de ma banque pour savoir si je pouvais obtenir un crédit si jamais nous trouvions un appartement ou une maison à acheter. Comme nous avions deux salaires cela était possible.

J'ai donc commencé à chercher. J'ai trouvé deux maisons qui pourraient convenir. Mon Amour et moi sommes allés les visiter le même jour. D'abord celle qui me plaisait le moins et ensuite celle qui me plaisait le plus. Comme nous avons les mêmes goûts le choix fut facile. Je ne vous explique pas les tracas pour acheter la maison. Mon notaire m'avait conseillé de faire signer également Madame précisant qu'une fois divorcée elle ne demande pas de part sur la maison que j'alllais acheter avec mon Amour.

De plus il nous fallait un prêt relais pour financer tout ce changement de résidence. Il fallait également une autre voiture pour mon Amour, car la sienne rendait l'âme. Nous nous sommes donc retrouvés avec trois crédits sur le dos. Heureusement le crédit voiture et immobilier se complétait. C'est-à-dire une fois le crédit voiture remboursé, le crédit immobilier verrait le montant de ces échéances augmenter. Mais là encore mon ex devait signer pour le prêt relais vu que je devais hypothéquer une partie de la maison commune. Je ne sais pas encore aujourd'hui comment j'ai réussi à faire tout cela.

Tout ceci m'épuisait. Mais nous allions enfin avoir une maison à nous. Entre-temps notre fille est venue au monde. Nous étions comblés par tant de Bonheur. Mon fils était également heureux d'avoir une petite sœur. Je le vois encore l'annoncer à sa mère et celle-ci lui réplique « ce n'est pas ta sœur ! C'est ta demi-sœur, une bâtarde ! ». J'étais triste pour lui, car il était visiblement heureux et sa mère lui gâche tout. Que nous nous fassions traiter de tous les noms, nous avions l'habitude à force. Mais de là à gâcher la joie du petit c'en est de trop.

Elle avait d'ailleurs souhaité à mon Amour qu'elle accouche d'un enfant trisomique pour tout ce qu'elle lui faisait subir. Une fois de plus elle n'avait toujours pas compris que mon Amour n'est pour rien dans mon souhait de divorcer. Bien sûr cela m'a facilité les choses. Je n'avais pas besoin de me trouver un studio ou appartement pour loger. Mais même sans cela je l'aurais de toute façon quittée. Elle est invivable.

Mon Amour termine son congé parental, mais je préférais qu'elle reste à la maison car elle commençait à nouveau à avoir des douleurs au ventre, à la tête. Je ne la voyais pas faire le trajet tous les jours à Strasbourg, elle travaillait là-bas normalement. Et pour faire une demande de détachement, ce n'était pas trop le moment car elle aurait commencé à travailler quelque part et elle aurait déjà dû se mettre en arrêt pour maladie.

Elle n'avait donc pas de revenus durant cette période. Cela ne pouvait pas continuer ainsi car les crédits et la pension alimentaire ponctionnaient deux tiers de mon salaire, pas suffisant pour vivre.

Ne pouvant faire autrement, elle a demandé sa réintégration en 2005, mais le médecin lui a tout de suite prescrit un congé de maladie car elle ne pouvait pas se déplacer aussi loin dans son état.

En même temps le jugement en première instance de mon divorce a été prononcé. Dans ce jugement je devrais payer une prestation compensatoire à Madame alors qu'elle a bénéficié d'un plus lors de la vente de notre maison commune. Ce bonus devait servir de prestation compensatoire. J'ai donc, bien entendu fait appel. Cet appel est encore en cours.

Madame avait décidé de quitter la maison pour la mettre en vente et s'est trouvé un appartement à louer pour la modique somme de sept cents euros par mois. Elle ne devait pas être dans le besoin pour pouvoir se permettre cela. Après un premier compromis de vente raté, un second compromis fut signé et la vente de la maison a eu lieu. Sur le produit de la vente étaient déduit les crédits en cours sur cette maison et le restant partagé en deux avec un bonus de plus de quinze mille euros pour Madame en guise de paiement de prestation compensatoire. Sur la somme restante, pour moi, il fallait également rembourser le crédit relais que nous avions contracté. Pour en somme ne plus avoir grand-chose comme bénéfice.

Madame a pu placer tout l'argent qui lui rapportait des intérêts. Quand on calcule le tout, pension alimentaire, supplément familial (comme moi j'ai deux enfants, donc la moitié revient à Madame), intérêts du placement elle a déjà pas loin de neuf cents euros par mois sans avoir besoin de travailler. On y ajoute encore l'allocation au logement. En plus elle travaille. Tout confondu elle gagne plus pour nourrir deux personnes que moi pour en nourrir trois.

Il y a tout de même un problème dans tout cela. Et arriva ce qui devait arriver, je ne pouvais plus payer la pension alimentaire. Mon compte était trop dans le rouge si bien que la banque a refusé de faire les virements nécessaires. Elle a bien entendu fait appel à l'huissier pour recouvrir la pension alimentaire non versée. J'ai pu m'arranger avec l'huissier pour payer en plusieurs fois. Mais pour cela j'ai dû faire appel à mon frère et à ma belle-sœur qui nous ont avancé l'argent, pour payer la pension alimentaire en retard et pour payer notre alimentation. Je ne saurais comment les remercier.

La situation est donc la suivante. Nous avons vendu la maison. J'ai laissé un bonus à Madame en vu de la prestation compensatoire. Je n'avais pas encore demandé ma part de donation partage que mon père m'avait consenti lors de la vente de la maison de mon père à mon frère. Somme que j'ai injectée dans la construction de notre maison commune. Il y avait également une donation de la part d'une tante pour la maison. Ces sommes seront demandées lors de la liquidation du patrimoine en fin de procédure de divorce.

J'avais fait cela pour que la vente de la maison se fasse dans de bonnes conditions et que Madame ait de quoi se retourner pour vivre décemment avec mon fils. Mais je n'avais pas songé au fait que l'on puisse me demander de l'argent, alors qu'on m'en doit. J'aurais dû tout de suite faire valoir mes droits et de cette façon j'aurais pu payer les pensions alimentaires et je ne serais pas dans une situation financière catastrophique comme je le suis en ce moment.

Nous en sommes arrivés au point où il faudrait que je vende la maison que nous avons achetée en commun avec Dominique pour payer la pension alimentaire pour qu'à la fin de la procédure de divorce je puisse demander mon dû et je n'aurais plus moyen de recourir à un prêt vu que je suis en surendettement. Franchement, ce n'est pas logique.

Je me bats tous les jours pour ne pas en arriver là, mais c'est dur, très dur.

J'en reviens à Dominique qui est alors tombée dans une dépression grave. Elle est alors suivie régulièrement par un psychiatre. Elle enchaîne congé de maladie sur congé de maladie. Elle a demandé un congé de maladie longue durée qui lui a été accordé après examen par un médecin expert auprès du comité médical.

Durant cette période elle touche une rémunération. Cela nous permet de garder le navire à flot. Mais en plus de sa dépression elle a de plus en plus de douleurs au bas ventre, dans le dos, à la tête etc... Mais ce sont, à ce moment là, surtout les douleurs au bas-ventre qui la font le plus souffrir.

Tout ce stress m'a valu quelques congés de maladie par ci, par là pour surmenage ou anémie. A chaque fois une ou deux semaines.

Fin 2005 le verdict pour les maux de Dominique est tombé. A nouveau une endométriose, mais cette fois-ci avancée. Seule alternative possible pour la soulager, une hystérectomie totale avec ablation des ovaires. C'est ce qui fut fait début janvier 2006. Et voilà que Dominique se dit « je ne suis plus une femme ». Cela n'arrangeait rien à sa dépression, au contraire. Elle ne voulait même plus voir le psychiatre après cela. Mais elle a tout de même continué à le voir.
Début janvier 2006 Dominique a subi son intervention chirurgicale, qui s'est, heureusement bien passée. Elle est restée hospitalisée pendant environ une semaine. Une semaine pendant laquelle j'ai du m'occuper seul de notre fille et de mon fils. Heureusement la mère de Dominique était là pour garder

notre fille lorsque j'ai voulu aller rendre visite à Dominique et lorsque je l'ai ramenée à la maison. Mon frère et ma belle-sœur étaient également présents pour nous aider

Elle a été revue par le médecin expert du comité médical courant juin 2006 et elle a obtenu une prolongation de son congé de longue maladie jusqu'à fin septembre 2006.

Nous n'avions plus envie de nous battre. Elle en avait assez de tous ces médecins, expertises etc… Et c'est là que nous avons commis une erreur. Au lieu de continuer à nous battre, nous avons baissé les bras. Au lieu de demander encore une prolongation de son congé de longue maladie nous avons demandé une disponibilité pour ne plus avoir à faire à toutes ces expertises. Du coup il n'y avait plus de revenus qui rentraient du côté de Dominique. Et nous nous sommes à nouveau enfoncés dans les dettes.

Durant toute cette année 2006 je me battais sur tous les fronts, dettes à combler, lancement de l'appel pour le divorce, sautes d'humeurs de mon ex, problèmes de santé de mon Amour, dossiers à suivre au travail. Cela m'a à nouveau valu quelques congés de maladie pour surmenage et anémie.

Au travail je ne m'en sortais plus. Beaucoup de dossiers en retard car je ne pouvais avoir de réponse claire de la hiérarchie. Chaque demande d'entrevue a été repoussée, mais en attendant les critiques fusaient. Tout ce qui arrive est de ma faute et pas de la leur. Chaque rapport que j'envoyais était soit sans suite ou alors retourné avec des annotations qui ne répondaient pas aux questions posées.
Des annotations du style « mettez vous au travail », « j'ai pourtant donné ma réponse » (alors que je n'avais pas eu de

réponse), « la roue tourne » etc… tout pour plaire et motiver les gens.

Et lorsque j'insistais auprès de mon supérieur hiérarchique, celui-ci me revoyais toujours la balle, alors que ce que je demandais c'est d'avoir un entretien avec le député-maire concernant tous les dossiers en attente et les problèmes urgents à régler.

Après plus d'un an de demandes de rendez-vous, on m'a confirmé que l'entretien aurait lieu. Il faut dire qu'entre-temps plusieurs autres de mes rendez-vous avaient été annulés ou reportés. J'allais enfin pouvoir exposer tous les points importants.

Le jour de l'entretien quelle ne fut pas ma surprise de voir que cet entretien avait lieu en présence du directeur général des services (ok il peut être mis au courant de mes préoccupations), mais également en présence de la directrice des ressources humaines. Là cela me paraissait bizarre, car je n'avais pas spécialement des problèmes de personnel ou autres.

Le député-maire pris la parole en premier et me relatait tout ce qui n'allait pas, tout ce qui était mauvais, pas fait etc… En somme, au lieu de discuter des points importants je devais, à présent, me défendre de toutes ces accusations. A aucun moment je n'ai pu aborder les sujets essentiels, urgents, importants. Cela avait plutôt l'air d'un entretien préalable à une sanction. Mais comme je n'étais pas prévenu par avance cela ne pouvait donc pas être retenu comme entretien préalable.

Une fois l'entretien terminé, une fois de plus je n'ai pas pu avancer sur les dossiers, je n'ai fait qu'entendre des accusations et j'ai dû me défendre. Je me rappelle que le député-maire été très étonné de savoir que le schéma directeur des systèmes d'information n'était pas suivi car non adapté à notre collectivité. S'il m'avait reçu dès le début comme je l'avais demandé, nous n'en serions pas arrivés là.

Encore un point qui me fait penser à un entretien préalable c'est que j'ai reçu le compte rendu de cette réunion en recommandé avec accusé de réception à mon domicile. Mais il n'y avait pas écrit entretien préalable, mais compte rendu de réunion. Pourquoi envoyer cela en recommandé avec AR à mon domicile au lieu de le faire suivre par le courrier interne de la collectivité ?

Pour moi tout ceci est sournois. Ne pas avoir la franchise de me dire en face ce que cette mascarade signifie. Je sens que je vais bientôt demander à consulter mon dossier personnel, car il doit y avoir une flopée de bêtises avec tout ce qui se trame. Je suis quasiment sûr qu'il doit y avoir quelque chose avec « entretien préalable à une sanction », l'accusé de réception du courrier et cela peut leur suffire comme preuve pour demander une sanction.
J'ai horreur des hypocrites, mais là on atteint des sommets.

Me voilà seul face à tout le monde ou presque. Car je suis tout de même soutenu par certains collègues de travail, mais de façon discrète car comme je suis devenu la brebis galeuse, il ne faut pas que je contamine les autres. C'est impensable de voir ce qu'un manque de discussion peut entraîner. D'un côté je comprends le député-maire, il entend que certaines choses ne vont pas bien, que ceci n'est pas fait etc… mais lorsque je veux lui apporter des explications ou demander son accord pour poursuivre certains dossiers, je n'ai pas de réponse ou des réponses qui n'ont rien à voir avec la question posée. Mais moi, lorsqu'il y a un problème on en discute et on le règle et on ne fait pas traîner les choses.

Vous ne pouvez vous imaginer (ou peut-être si) le stress que cela engendre. J'en suis devenu malade. Eh oui, il ne faut parfois pas grand-chose cumulé à tous les autres problèmes pour qu'on se précipite dans le vide. Je ne pouvais plus « encaisser », c'en était de trop. J'ai tout de même serré les dents jusqu'à épuisement. Et cela est arrivé un jeudi de fin septembre 2006. Je me suis rendu au travail et j'y suis resté la matinée. Quelque chose me disait, range bien ton bureau, prépare les dossiers. Je me suis rendu en consultation chez mon médecin traitant car j'étais à bout.

En fait ce jour-là c'est sa remplaçante qui assurait les consultations. Elle m'a bien examiné, nous avons discuté un bon moment et elle m'a expliqué qu'elle avait diagnostiqué une dépression. Elle m'a prescrit du Stablon, un congé de maladie de quinze jours et elle m'a conseillé d'aller consulter un psychiatre.

Il a fallu attendre un mois et demi pour avoir mon premier rendez-vous avec le psychiatre. Entre temps c'est mon médecin traitant qui m'a revu et qui a prolongé mon congé de maladie. Bien sûr une contre-visite médicale a été demandée par mon employeur. Je m'y suis rendu, le médecin agréé m'a ausculté et m'a dit de me reposer et que je ne devais pas trop attendre pour reprendre le travail. Mais je savais très bien que je ne pourrais pas reprendre de si tôt car j'étais complètement lessivé. Mon médecin traitant a une nouvelle fois prolongé mon congé de maladie

Dans la deuxième quinzaine de novembre je suis allé pour la première fois en consultation chez mon psychiatre. Le courant est bien passé, j'avais enfin quelqu'un à qui je pouvais exposer tous mes problèmes. Mon médecin traitant était également à mon écoute, mais là c'est différent. Il m'a aussitôt prolongé mon congé de maladie et m'a prescrit de l'Effexor 75 LP à raison de deux gélules par jour.

Peu de temps après j'ai a nouveau eu une convocation chez le même médecin agréé, qui m'a une nouvelle fois ausculté et qui m'a demandé pourquoi je n'avais pas repris le travail depuis ma dernière visite. Il m'a laissé entendre de reprendre le travail à l'issue de ce congé de maladie. Je lui ai répondu que si ça allait ce serait le cas.

Une fois de plus, lorsque j'ai eu le courrier pour cette contre-visite, était mentionné dans ce courrier « … au vu de ces conclusions, vous deviez reprendre vos fonctions le lundi 23 octobre 2006. Or, entre-temps, vous avez produit deux prolongations d'arrêt de travail dont la dernière arrive à échéance le 8 décembre prochain … »

Pour résumer, on vous a dit de reprendre le travail et vous ne l'avez pas fait. Or le médecin agréé ne m'a pas donné de date de reprise claire. On essaie à nouveau d'essayer de « prouver » que je n'ai pas respecté une consigne. Tout est fait pour me déstabiliser encore plus.

J'ai pris l'heureuse initiative de demander un rendez-vous chez le médecin du travail pour avoir son avis. Celui-ci m'a reçu de suite, m'a ausculté, nous avons discuté un bon moment. Comme je le voyais tous les ans et que je me confiais toujours à lui, il était donc au fait de ce que je souffrais. Il m'a donné un courrier manuscrit à remettre à mon psychiatre. J'ai pris la lettre et je me suis tout de suite rendu chez mon psychiatre. Entre deux rendez-vous j'ai pu lui remettre le courrier. Il l'a lu et m'a dit qu'on verrait tout ceci lors du prochain rendez-vous.

C'est à ce moment là que j'ai fait la demande pour l'octroi d'un congé de longue maladie. Le temps que le comité médical se réunisse, quelques semaines se sont écoulées. Il y avait du retard dans le traitement des dossiers. Donc en attendant la visite chez l'expert du comité médical je continuais à être en congé de maladie ordinaire.

Au bout de trois mois de congé de maladie ordinaire, nous passons en demi traitement (fonctionnaires) et une mutuelle prend en charge pendant un an maximum quatre-vingt-quinze pourcent de la rémunération normalement perçue. Mais il faut d'abord remplir un formulaire, l'envoyer au médecin de la mutuelle pour qu'il ouvre les droits. Ensuite la mutuelle nous indemnise par chèque quelques jours après que le bulletin de salaire est établi. C'est l'employeur qui se charge de la transmission des éléments à la mutuelle.

Mais voilà, je n'avais pas pu régler la taxe d'habitation ni les taxes foncières en 2006. J'étais trop mal pour m'en occuper, arriva ce qui devait arriver, une saisie sur salaire. Déjà que le salaire n'était pas très important (demi traitement) diminué de la saisie, il ne restait plus grand-chose pour vivre. Et avec cela il fallait encore payer la pension alimentaire.

J'ai dû batailler avec la banque en expliquant que je ne pouvais pas dire par avance combien de salaire j'allais toucher, vu que tous les mois c'était différent dorénavant. En effet je n'ai toujours pas compris la façon dont était calculé le demi traitement dans ma collectivité. Pour moi demi traitement signifie tous les mois la même chose, or là, c'était un mois traitement complet, le mois d'après demi traitement, une autre fois un quart de traitement, je ne pouvais donc pas prévoir la rentrée d'argent que j'allais avoir. Alors que je ne me sentais déjà pas bien, il fallait en plus que tout cela soit compliqué.

Mon ex continuait, comme toujours, à nous pourrir la vie par des textos ou sms peu gracieux. Mon père, qui vivait à ce moment là chez sa compagne avait déjà beaucoup de signes de l'Alzheimer qui l'envahissait. J'essayais de lui rendre visite de temps à autres, mais je me sentais beaucoup trop faible pour me déplacer ou faire quoique ce soit. Les tâches ménagères devenaient des corvées insurmontables. Le fait de ramener ou de chercher notre fille à l'école était fatigant à un tel point que je devais régulièrement me coucher pour me reposer.

Mais il fallait également lui faire à manger, moi je m'en serais passé, mais il fallait qu'elle mange quelque chose. Le soir il fallait lui donner la douche et la préparer pour aller au lit. Les tâches ménagères c'est moi qui m'en chargeais vu que Dominique ne se sentait pas bien. Une année après son intervention chirurgicale elle avait encore des douleurs. En somme c'était un cauchemar quotidien. Je continuais à me battre sur tous les fronts.

En avril 2007 j'étais convoqué chez le médecin expert auprès du comité médical. Pour cela j'ai dû me déplacer à une centaine de kilomètres de chez moi. C'était la première fois depuis quelques mois que je prenais la voiture pour aller aussi loin. J'ai été reçu, il m'a questionné et a émis un avis favorable pour le congé de longue maladie. Je devais ensuite attendre un mois avant la décision du comité médical et encore une fois quelques semaines pour que la collectivité prenne l'arrêté de congé de longue maladie.

Du coup je gardais mon traitement complet pendant un an (puis à nouveau demi traitement au cas où). Il fallait donc que mon employeur régularise mon salaire, que je rembourser la mutuelle (directement par le bulletin de salaire). Encore un médecin qui confirme ma maladie. Car jusqu'à maintenant mon employeur a dû penser qu'il s'agissait de congés de maladie de complaisance, vu que le médecin agréé voulait que je reprenne mon travail. Mais là il y avait la remplaçante de mon médecin traitant, mon médecin traitant, mon psychiatre, le médecin du travail et maintenant le médecin expert du comité médical qui sont arrivés au même diagnostic : état dépressif sévère.

Etant fonctionnaire, c'est un peu différent du privé. L'expert va demander au comité médical la reconnaissance de la longue maladie. Une longue maladie est accordée au maximum pour trois ans. Mais les "périodes" accordées sont de trois à six mois "renouvelables". Etant en arrêt de travail depuis fin septembre, l'expert va demander de suite neuf mois, ce qui ferait que ma longue maladie pourrait être accordée une première fois jusqu'à fin juin.

Avec tout ce qui nous tombe dessus ces derniers temps, j'en ai vraiment besoin de ce "repos". Sans quoi, je ne sais pas ce qu'il pourrait advenir.

Pour le moment, une chose après l'autre : d'abord survivre, ensuite essayer de guérir pour éventuellement pouvoir commencer à vivre

J'ai toujours un entonnoir au dessus de la tête (pas posé sur la tête) mais maintenu au-dessus de ma tête pour que tout ce qui tombe me tombe droit dessus.

J'ai énormément de mal à rester calme, je sens que je vais bientôt exploser. Trop de choses nous arrivent en ce moment et ce n'est pas prêt d'être fini. Grosse fatigue à nouveau, envie de rien et aucune vision à moyen terme. Gros problèmes "administratifs" en plus ces derniers temps (salaire qui ne suit pas, mutuelle qui tarde à payer mais les frais de découverts bancaires, les commissions d'interventions etc. sont immédiats.)

Toujours pas de nouvelles concernant la longue maladie alors que si elle était acceptée (ce qui devrait être le cas) je serai à nouveau en retard pour demander le prolongement de cette longue maladie et cela va repartir en maladie normale etc.

Je hais cette "administration"

Entre temps, Dominique avait de plus en plus de migraines. Une sensation comme si sa tête allait exploser. Elle a consulté notre médecin traitant qui lui a prescrit une IRM de contrôle. Le médecin de radiologie y a trouvé un méningiome. Mais apparemment encore trop petit pour être à l'origine de ces maux de têtes violents. Il fallait donc chercher plus loin. Rendez-vous a été pris chez un neurochirurgien, mais les délais sont très longs. Nous avons donc d'abord été reçus par un collègue à lui, qui a confirmé que le méningiome ne devait pas être la cause de ses maux de têtes. Puis nous avons vu un autre neurochirurgien dans un autre CHU qui a confirmé que le méningiome était encore trop petit pour qu'il soit la cause de tout cela.

Retour au CHU de Strasbourg et là le professeur neurochirurgien propose, pour en être sûr, de pratiquer des mesures de pression du liquide céphalorachidien. Pour cela il fallait faire un petit trou dans le crâne et y installer un capteur relié à une sonde pour mesurer en continu la pression. Nous n'en étions plus à une hospitalisation près.

Juillet 2007 elle était à nouveau hospitalisée pendant quelques jours pour effectuer les mesures de pression. Celles-ci ont montré une pression beaucoup trop élevée en quasi continu. Voici l'explication de ses maux de têtes. Un moyen pour diminuer cette pression est de poser une valve, mais c'est une nouvelle intervention chirurgicale. Mais le professeur a dit qu'il y avait peut-être une autre solution et qu'il allait en discuter avec des collègues.

Le congé de longue maladie a été accepté du 21 septembre 2006 au 20 juin 2007. Et bien sûr la demande de renouvellement a été faite tardivement vu que je n'avais pas eu de réponse à temps. Je suis donc reparti en maladie ordinaire le temps que le comité médical examine ma demande. Avec tous les dossiers qu'il a à traiter, l'examen de mon dossier aura certainement lieu en septembre (il y a les congés maintenant).

Situation financière critique car mon employeur a décidé de ne plus me verser de régime indemnitaire (fonctionnaire) au lieu de le diminuer par rapport à mes absences (maladie etc…) Il n'y aura pas de "13ème" mois vu la longue période d'arrêt maladie. Le tout représente une diminution de dix-huit pourcent de mon salaire (un cinquième). En même temps toutes les factures augmentent.

En ce qui concerne Dominique aucun traitement n'arrive à soulager ses douleurs. Nous sommes au vingt-et-unième siècle et les gens doivent souffrir comme au Moyen-âge. Nous espérons que le professeur qu'elle va consulter lundi trouvera une solution.

Pour ma part avec tout ce "m'enfoutisme" de certaines "administrations" de beaucoup de personnes hypocrites je me sens de plus en plus mal.
Vous expliquez les différents problèmes que vous rencontrez on vous dit "ceci n'est pas de notre ressort" vous allez voir quelqu'un d'autre il vous dit la même chose.

La seule chose qui me fasse "tenir" ce sont mes enfants et Dominique et également cette "phobie" du monde plus juste.

Cette "phobie" se traduit par le fait que j'ai une envie croissante de "faire le ménage", de mettre un grand coup de pied dans cette "fourmilière", d'en coller quelques-uns au plafond pour qu'ils se "réveillent" et qu'ils se soucient un peu des gens qui souffrent et de "claquer aux murs" ceux qui se font un malin plaisir de nous mettre des bâtons dans les roues.

A mon avis je ne ferai pas de tentative de suicide avant d'avoir mis ma "phobie" en application. Le seul problème c'est que j'en suis au point qu'il ne faut surtout pas me regarder de travers. Je voulais en parler à mon psy mais il est en congé pour le moment. Je le vois à nouveau le 10 juillet. J'espère pouvoir tenir et ne pas faire de "dommages" d'ici là.

Après avoir consulté mon psy et également mon médecin traitant, pour éviter tout écart de conduite vu mon état d'énervement actuel, on vient d'augmenter mon traitement. Je reste à deux Effexor 75 LP par jour mais on y ajoute trois Lexomil par jour (pour que je reste un peu zen). Il faut dire qu'ils ont vu mon état nerveux et plutôt que de laisser un mètre quatre-vingt seize et cent kilogrammes de muscles se déchaîner, ils ont préféré me calmer un peu. Bon, les trois Lexomil supplémentaires par jour çà ne fait pas grand chose, ça ne m'assomme pas du tout, mais j'ai tout de même l'air d'être un peu plus zen, c'est déjà çà

Entre-temps c'était les vacances scolaires et j'allais accueillir mon fils chez nous pour plusieurs semaines. Mais voilà, tout ce stress mais fais du tort car, en plus de mon traitement, je prenais du Lexomil pour me calmer. D'abord un comprimé, puis deux, puis trois et voilà que je tournais à six comprimés de Lexomil par jour. C'est là que je suis allé voir mon médecin traitant pour voir s'il n'y avait pas autre chose qui pouvait mieux me soulager. Celui-ci m'a dit que la seule façon de faire était de changer ce traitement, mais que dans mon cas une hospitalisation serait préférable pour le sevrage du Lexomil. Il a téléphoné à Dominique pour l'en informer et le soir même j'étais hospitalisé dans un CHS.

Dominique avait prévenu sa mère et mon frère. Tout le monde est venu à la maison. Dominique avait préparé des affaires que je devais amener. Sa mère allait garder notre fille, le temps que Dominique, mon frère et ma belle-sœur m'amènent au CHS.

Je les ai guidés car je connaissais le chemin, ayant une fois été en réunion de travail là bas.

Nous nous arrêtons près du local du gardien, Dominique et ma belle-sœur sont allées se renseigner où elles devaient me conduire. La barrière s'ouvre et nous empruntons l'allée centrale en voiture. Le chemin était fléché, on ne pouvait pas se tromper.

En fait le CHS était composé de pavillons. Chaque pavillon regroupait des gens d'un secteur géographique donné. Mon pavillon se prénommait « Les glycines ». L'endroit n'avait rien de lugubre, au contraire il était accueillant. Nous nous garons devant le pavillon. Nous sortons mes affaires de la voiture et nous dirigeons vers l'accueil. Un infirmier nous reçoit et nous lui remettons le courrier de mon médecin traitant. Je remplis quelques formulaires, laisse le téléphone portable à l'accueil (pas de téléphones portables à l'intérieur du pavillon). Quelques questions sont encore posées et ensuite tout le monde s'en va et moi je reste là.

Je monte mes affaires dans ma chambre. Il y a deux lits, deux armoires, un bureau, trois chaises et une salle de bain avec douche, lavabo et toilettes. Je suis seul à occuper cette chambre probablement parce que je suis venu de mon propre gré. L'heure du repas du soir était déjà passée, mais on m'a tout de même encore servi un repas. Je fais rapidement connaissance des autres pensionnaires. J'étais bien accueilli. J'avais maintenant le temps de repenser à tout et à me concentrer sur moi.

Peu avant d'être hospitalisé, j'ai fait appel à une assistante sociale car nous n'arrivions plus à nous sortir des dettes. Elle nous a aidés à préparer un dossier de surendettement. J'ai tout rempli et toutes les photocopies étaient jointes. Je l'avais déposé et une dame de la Banque de France, très sympathique d'ailleurs, a vérifié si tout était correctement rempli. Elle m'a donné un papier comme quoi le dossier a été remis. Maintenant il ne restait plus qu'à l'étudier pour voir s'il y avait une solution.

En même temps je venais d'apprendre que mon employeur avait décidé de supprimer mon régime indemnitaire au lieu de le minorer proportionnellement à mes journées d'absences en 2006. Déjà fortement endetté, cela ne faisait qu'aggraver les choses. La dame de la Banque de France m'a alors dit que malheureusement il n'y aurait plus que la solution de vendre la maison qui serait encore possible. Vendre notre maison d'habitation ? Moi qui ai travaillé tout ce temps pour cela, je ne pouvais le concevoir. C'était la fin de tout pour moi.

J'avais tenté de savoir pourquoi je ne percevais plus le régime indemnitaire et on m'a répondu que la note que souhaitait mettre le député-maire était assez basse pour ne plus avoir droit à ce régime indemnitaire. Mais ils n'ont pas le droit de faire cela. Il faut d'abord que je puisse prendre connaissance de ma note pour pouvoir contester le cas échéant. Mais là je n'ai même pas eu ma fiche de notation en retour, donc je ne puis contester ce qui n'est pas. En tout cas, ils ont tout de suite fait le rattrapage du soi-disant trop perçu. Ce qui nous plongea à nouveau un peu plus dans les dettes. Un cercle vicieux en somme.

Heureusement que la famille était là pour nous aider, mon frère et ma belle-sœur nous aidaient financièrement pour l'achat alimentaire etc… Mais je pense que tout ce stress y était pour quelque chose dans mon hospitalisation. Prendre jusqu'à six Lexomil entiers par jour, ce n'est pas sans raison.

Le plus ennuyeux c'est que je devais avoir mon fils chez nous pour les vacances d'été et me voilà hospitalisé. Mon fils était à la maison lorsque j'ai dû partir pour le CHS. C'est la mère de Dominique qui gardait notre fille et mon fils jusqu'à l'arrivée de sa mère. Madame n'était pas contente de devoir s'occuper de son fils maintenant. Mais elle l'a laissé partir en Belgique passer quelques jours de vacances avec son compagnon, puis quelques jours chez ses parents.

Je commençais tout doucement à trouver mes marques dans le pavillon. J'ai pu discuter avec certains pensionnaires qui étaient là pour d'autres raisons, certains en hospitalisation libre, comme moi, d'autres en placement par un tiers etc… J'avais oublié qu'en arrivant j'ai également été reçu par un interne qui m'a posé pas mal de questions et qui m'a précisé ce qu'il comptait faire pour que j'aille mieux. Dominique a également pu le voir et discuter avec lui.

Le pavillon était composé de chambres à l'étage. D'un côté il y avait nos chambres, de l'autre le secteur fermé pour les malades « difficiles ». Au rez-de-chaussée il y avait le réfectoire, une salle avec télévision, de salles de réunion ou d'activités. Les bureaux pour les rendez-vous avec les médecins, l'accueil, la salle du personnel soignant, l'infirmerie, une salle de tennis de table et la pièce centrale avec des fauteuils, des tables, des chaises etc… Il y a également une cour fermée par des grillages où nous pouvions sortir pour fumer ou pour prendre l'air.

La journée se déroulait ainsi, le matin réveil entre 7H00 et 7H30, toilette, puis cigarettes pour ceux qui en avaient besoin. A 8H00 petit-déjeuner et repos jusqu'à environ 9H00 (ou cigarettes). Vers 9H00, les activités démarraient pour celles et ceux qui en avaient envie, sinon c'était télévision, lecture ou jeux de cartes s'il y avait assez de monde. L'accès aux chambres était fermé de 9H00 à 11H30. Vers 12H00 repas de midi et re-activités pour ceux qui avaient envie de 14H00 à 17H00 environ (l'accès aux chambres était à nouveau condamné). Vers 18H00 dîner. Tous les moments « libres » pouvaient être utilisés pour soit fumer, regarder la télévision, discuter ou lire. Beaucoup de personnes allaient déjà se coucher un peu après 19H00, probablement assommés par les médicaments. Pour ma part je me couchais aux environs de 21H00/21H30.

Les premiers jours je n'avais pas d'autorisation de sortie du pavillon, ou alors seulement avec un accompagnateur. Il y avait une cafétéria au milieu de tous ces pavillons où l'on pouvait se restaurer, acheter des petits articles nécessaires (piles, dentifrice, gel douche etc…) Cette cafétéria était ouverte de 11H00 à 18H00.

Je me suis vite habitué à cette vie, je n'avais plus qu'à m'occuper de moi et à rien d'autre. Cela faisait un bien fou. En plus on vous comprenait, on discutait, on faisait des activités. Concernant mon traitement, on m'a sevré directement du Lexomil pour le remplacer par du Tercian. Quatre comprimés de Tercian 25mg par jour, un le matin, un à midi et deux le soir.

Les premiers jours je ne participais pas trop aux activités, le temps de prendre les repères et de me reposer un peu. Puis progressivement je commençais à faire un peu de sport le matin, nous nous rendions de temps à autres à la cafétéria etc…

Dominique venait régulièrement me rendre visite, mon frère et ma belle-sœur également. Notre fille de temps à autres. Tout ceci à partir du moment où j'avais le droit de sortir en étant accompagné.

J'ai vu un autre interne avec qui j'ai discuté longuement et qui m'a autorisé à sortir seul du pavillon les après-midis. J'ai également participé à une journée entière de pêche. Cela était très reposant. Je me suis beaucoup promené dans l'enceinte du CHS. Il y a beaucoup de verdure, le complexe est beau et accueillant.

Un jour j'ai eu un appel téléphonique au pavillon, c'était mon ex. Elle a réussi à savoir où j'étais. Comme quoi, on n'est pas aussi anonyme que cela. Bon, il faut dire qu'elle travaillait sous contrat à l'hôpital de la ville et les deux hôpitaux travaillent en commun.

J'ai fait connaissance de gens fort sympathiques dans le pavillon. Comme dit, tout le monde était là, mais pas pour les mêmes raisons. Il y avait des gens qui étaient là pour se sevrer de l'alcool, d'autres pour se sevrer de prises abusives de médicaments, d'autres, comme moi, pour dépression etc… Il y avait des gens de tout âge.

Je n'étais, malgré tout, pas tranquille, car je savais que Dominique avait beaucoup de mal à gérer le quotidien, car elle était seule à devoir s'occuper de notre fille alors qu'elle venait de sortir d'une hospitalisation.

Un jour, alors que Dominique me rendait visite, j'ai eu un appel téléphonique de la Banque de France, qui m'a dit qu'ils auraient trouvé une solution provisoire pour éviter de devoir vendre la maison. Nous en avons discuté et nous avons accepté. Enfin un soulagement dans tous mes tracas.

Mais au bout de dix jours d'hospitalisation j'ai demandé à rentrer à la maison car je voyais que Dominique n'en pouvait plus et que notre fille également n'était pas bien. J'ai donc quitté mon hospitalisation un peu trop tôt, mais je n'avais pas le choix. Je n'aurais pas été tranquille et cela ne m'aurait plus rien rapporté.

Durant mon séjour mon traitement était le suivant : remplacement des six lexomil par jour par quatre tercian 25mg par jour, baisse progressive au bout de six jours trois tercian 25mg par jour, et avant la sortie de mon hospitalisation deux tercian 25 mg par jour.

Je voyais à nouveau mon psychiatre le jeudi. En tout cas le séjour m'avait fait du bien et je peux revenir là-bas dès que je sens que ça ne va plus (en tenant compte de l'état de santé de Dominique). C'est tout de même bien de savoir qu'on a un point de chute "au cas où" ...

De retour à la maison, je suis à nouveau confronté à la dure réalité de la vie quotidienne. Les soucis refont leur apparition et deux tercian par jour ne me suffisent plus. J'ai dû revenir à quatre tercian 25 mg par jour. Le problème c'est qu'avec tout ce traitement, la conduite automobile devient un souci. Je dois jongler entre « petits trajets » ou alors ne pas prendre les médicaments pour pouvoir rouler sereinement.

Les congés d'été se terminent et c'est à nouveau la rentrée scolaire. Je n'aurai pas beaucoup vu mon fils cet été à cause de mon hospitalisation. Cela me fait beaucoup de peine.

Je n'arrêtais pas de me documenter concernant l'opération lourde que Dominique devait subir. Nous en avons su plus lors de la visite avec le professeur responsable de la radiologie interventionnelle et avec l'anesthésiste.
L'opération s'est, en fin de compte bien déroulée, mais n'aura servi à rien, car on a dû la réopérer en 2008 pour lui installer une valve permettant de réguler la pression intracrânienne.

Je n'ai jamais senti Dominique aussi préoccupée. Elle n'a pas besoin de dire un mot, mais je le sens. Nous ne nous voyons presque plus en journée. Elle est souvent couchée dans la chambre durant la journée tellement elle est abattue. C'est le seul moment où elle est légèrement soulagée. Et le soir, c'est moi qui m'endors devant la télé.

Secondairement j'attends, je ne fais qu'attendre :

- Jugement au tribunal administratif, toujours rien de neuf ;

- Eventuel pourvoi en cassation, suite au jugement en appel de mon divorce ;

- Nouveau rendez-vous chez l'expert du comité médical puis décision du comité médical. ;

- Retraite pour invalidité de Dominique ;

- etc…

Attente, attente, attente ce n'est pas dans ma nature. J'ai trop attendu dans ma vie pour attendre encore maintenant.

Quand je vois que je ne peux rien offrir à mes enfants et à Dominique cela m'énerve au plus haut point. Et tout cela parce que je dois attendre, mais attendre quoi ? Des jours meilleurs ?

Cela fait plus de 28 ans que j'ai commencé à travailler, j'avais réussi à construire ma maison d'après mes plans etc... et à cause d'un divorce qui n'en finit pas, je me retrouve dans cette situation et j'entraîne par la même occasion Dominique et mes enfants dans cela. Ils n'y sont pour rien mais ils subissent mes "conneries".

Il faut que je garde mon calme malgré tout. Ce n'est pas le moment de craquer. Maintenant c'est d'abord Dominique. Je veux qu'elle aille mieux. Je veux l'aider, la soutenir. Je ferai de mon mieux.

Je serre les dents pour tout, j'espère qu'elles vont résister. Et sans arrêt je pense à mon ex et à mon employeur qui n'en ont rien à faire et qui font tout pour nous enfoncer encore plus. Et l'administration qui est d'une lenteur...

Entre temps mon employeur continue à appliquer la minoration de mon régime indemnitaire, ce qui n'arrange pas nos affaires. En plus je suis passé en demi traitement depuis fin septembre 2009.

Le plan de surendettement a été accepté par le comité de surendettement en 2007. Maintenant il ne reste "plus qu'à" payer les dettes d'après ce plan. Ce qui n'est pas évident si le salaire ne suit pas.

Pour le restant rien de changé, toujours en attente de quelque chose, les choses avancent mais pas très vite, en revanche les factures arrivent très vite.

Presque deux ans après l'opération de Dominique, elle a encore mal, mais une douleur différente. Elle ne peut plus faire d'effort sans que cela se traduise par des maux de têtes. Elle aurait dû repasser un examen, mais elle a annulée car elle ne se sent pas en forme pour subir cet examen.

Le comité médical m'a mis en congé de longue durée (fonctionnaire) rétroactivement depuis fin septembre 2006. Mais je ne pense pas pouvoir reprendre le travail pour le moment, vu le harcèlement que je vais subir.

En ce qui concerne le surendettement, j'ai pu régler différentes échéances, mais je n'ai pas réussi à combler l'autorisation de découvert que ma banque a bien voulu me laisser après diverses discussions. Mais tout cela se fait en serrant la ceinture au maximum. Les courses ne se font qu'au compte gouttes et le frigo est souvent vide.

Des paperasses à remplir tout le temps, comme une demande d'échéance pour la taxe d'habitation etc. Je ne peux pas tout régler ou je vais sous les ponts. Et il faut voir ce qu'ils demandent comme papiers pour tout cela.

Seuls petits rayons de soleil dans toute cette brume, ce sont Malice, une petite chatte de presque deux ans environ que nous avons trouvée avec son frère dans un bosquet près de l'école de notre fille. Nous les avons ramenés à la maison et directement amenés chez le vétérinaire. Mon frère a gardé le mâle et nous avons la femelle. Et Maxou, un autre petit chat que nous avons trouvé l'an dernier dans notre composteur.

Nous avions entamé une enquête par une assistante sociale pour essayer d'aider mon fils, mais mon ex l'a très mal pris et nous traite de tous les noms, nous mets des bâtons dans les roues et a trouvé comme excuse que mon fils est malade pour qu'il ne vienne pas chez nous alors que c'est mon tour de "garde".

Mon avocat avait envoyé le courrier en recommandé AR à mon employeur. J'ai eu droit à un bonjour et un regard glacial de la responsable des ressources humaines lorsque j'ai dû me rendre sur place pour déposer des papiers pour l'assurance complémentaire contractée par mon employeur. Je sens que cela va être une bataille rude.

Mon CLD devrait se terminer fin mars 2010, mais je ne me vois pas reprendre le travail dans de telles conditions. Une mise en invalidité me conviendrait si je savais combien je toucherai et si mon crédit immobilier serait, dans ce cas, pris en charge par l'assurance. Je n'ai ni l'envie, ni la force de retravailler. Surtout que je pourrais déjà être en congé de fin d'activité charbonnière si je n'avais pas quitté mon ancien travail.

Dominique ne va pas mieux et "fuit" dans le sommeil. La pauvre y est plongée quasiment une très grande partie de la journée. Et c'est moi qui dois assumer la plus grande part de travail à la maison (m'occuper de notre fille, les repas etc…) De plus toutes les paperasses à faire, j'en ai marre de tout cela.

J'aimerais bien à nouveau faire un séjour au CHS pour me ressourcer, mais je ne peux laisser Dominique toute seule car elle aussi en aurait besoin.

J'avais dû augmenter la dose de mon traitement, car je n'en pouvais plus. Mon traitement actuel était alors de deux Effexor 75 LP par jour et six tercian 25mg par jour

Avec six tercian ça avait l'air d'aller un peu mieux. Je me sentais moins "agressif" et "agressé".

Mon père était entre temps entré dans une maison de retraite car sa compagne ne pouvait plus s'occuper de lui. Son Alzheimer a vite progressé et il devenait dangereux de le laisser avec elle car il pouvait dévaler les escaliers et se faire très mal.

Arrivé en maison de retraite, il a été mis en chaise roulante car il pouvait tomber à tout moment. J'espère ne jamais avoir à aller en maison de retraite. Si on est valide, cela va encore, on peut se débrouiller, mais dès qu'on est atteint d'un handicap ce n'est plus vivable. Ils manquent cruellement de moyens dans ces établissements. A moins d'être aisé et de pouvoir se payer des maisons de retraites « haut de gamme ». Là ils manquent de personnel, du coup ils n'ont pas le temps de s'occuper de tout le monde. On les sort des lits, on les met en chaise roulante, on les ramène dans la salle commune et on les laisse.

C'est vraiment affreux à voir. Et cette maladie qui progresse et qui fait que votre propre père ne vous reconnaît plus.

Les Noëls passent et se ressemblent, mon fils était chez sa mère pour les fêtes. Nous avons donc passé la veille de Noël à trois,

Dominique, notre fille et moi. Le lendemain nous étions invités chez le frère à Dominique et le surlendemain chez mon frère. Cela nous a changé les idées même si nous sommes arrivés les mains quasiment vides vu que nous n'avions pas les moyens d'offrir des cadeaux.

Mon fils est venu en vacances chez nous le 27 décembre, et on lui a offert ses cadeaux, heureusement qu'il y avait des cadeaux de la famille pour lui, car il n'aurait pas eu grand-chose sinon, tout comme notre fille.

Il y avait, entre-temps, ma belle-sœur qui m'avait appelé pour me dire que mon père a été hospitalisé car il ne se nourrissait plus. Je suis allé le voir deux fois à l'hôpital. Mais je voyais qu'il avait cessé de se battre. Physiquement on ne le reconnaissait presque plus. Il était amaigri et ne réagissait presque plus à nos sollicitations. C'est affreux de voir comment on se dépérit. Mon père que je connaissais toujours en forme, lui qui m'a appris plein de choses. Il ne me reconnaissait presque plus, il ne se souvenait même plus de ses petits enfants. C'est affreux.

Puis est arrivé ce que nous craignons, me voilà orphelin (ma mère étant décédée vingt et une années auparavant). Je me suis rendu directement chez mon frère pour entamer les démarches. Direction les pompes funèbres pour tout organiser. Il fallait faire vite car c'était la fin de l'année et le jour de l'an étant férié cela aurait encore reporté l'enterrement. Nous sommes tombés d'accord pour que cela se fasse le 31 décembre.

Il fallait encore nous rendre chez l'Abbé pour la messe, mais tout le restant était organisé par les pompes funèbres. Il nous fallait également nous rendre à la mairie car il y avait un problème avec la durée de concession restante concernant la tombe familiale. Heureusement tout a pu être terminé à temps pour l'enterrement. Nous avons également prévenu toute la famille ainsi que les amis.

Notre fille de cinq ans voulait participer à l'enterrement et mon fils de douze ans également, ce qui est normal. Il y avait beaucoup de monde à la messe. Il y avait également deux porte-drapeaux, un pour les anciens combattants et un autre pour les mines. Ce fut émouvant.

Comme souvent, dans ces moments là, on revoit toute la famille qu'on n'a pas l'occasion de voir durant toute l'année.

Ce qui est vraiment bizarre, c'est que mon frère et moi sommes maintenant les patriarches de notre branche famille. Mon père est décédé le 28 décembre 2008. Je ne sais pas si je vais réussir à assumer ce rôle, surtout en ce moment.

Mais la vie continue et voilà que Dominique a dû passer une nouvelle artériographie le 14 janvier 2009.

J'avais également envoyé plus de cent pages de photocopies pour mon avocat en appel pour mon divorce qui durait, à cette époque-là depuis six ans.

Nous n'avions toujours pas eu l'attestation de notre complémentaire pour l'année 2008, du coup il faudrait avancer les frais médicaux et j'espérais que nous l'aurions avant l'hospitalisation de Dominique sinon je ne voyais pas comment avancer les frais.

De plus maintenant il y a les frais sur les médicaments qui s'ajoutent encore sur nos dépenses de santé, je trouve cela ignoble.

Je vois mon psychiatre régulièrement, il y a tant de choses à dire. Mais il faut également penser à la prolongation de mon congé de longue durée qui prend fin vers le 20 mars 2010.

Je n'ai même pas eu un appel téléphonique, personne de présent lors de l'enterrement de mon père (mis à part ma secrétaire). Les cartes de condoléances de la part de mon employeur et de collègues sont arrivées tardivement. Personne n'a été délégué pour l'enterrement de mon père alors que cela se fait habituellement. Je trouve cela plus que déplorable.

Je suis toujours autant révolté par les injustices que nous subissons tous les jours. L'interdiction de fumer dans les bars, cafés ou bistrots (même si je n'y allais pas souvent). J'aime bien fumer ma cigarette avec un petit café dans un bistrot, c'est un petit moment de "bonheur" qu'on nous retire. Pourquoi ne pas avoir fait des bistrots "non fumeurs" et des bistrots "fumeurs", ce serait tellement mieux.

Je vais en arrêter là, car la liste serait trop longue à énumérer et cela m'énerverait au plus haut point.

Nous avons enfin eu la carte de tiers payant de la complémentaire. J'ai également eu quelques cartes de condoléances de la part de certains collègues de travail.

Je me sens mal dans ma peau et j'ai de plus en plus envie de faire un séjour au CHS à nouveau. Cela me ferait le plus grand bien. Mais je ne peux laisser. C'est vraiment pesant tout cela.

Comme toujours en période d'hivers nous sommes tous malades, rhumes, bronchites, grippe etc… Encore des frais à avancer et des retenues sur les soins et médicaments.

Dominique avait, entre temps, passé son artériographie cérébrale et le professeur a pu constater que le stent qu'il lui avait posé était bien en place et que la circulation sanguine se faisait bien. Mais il n'avait pas procédé aux mesures de pression comme il l'avait prévu.

Depuis tout ce temps, beaucoup d'autres examens, de soins ont eu lieu. Mais malheureusement, nous n'en voyons pas le bout.

# Au jour le jour :

Ici je relate mon quotidien de février 2008. J'ai dû arrêter avant la fin, car je n'étais plus en mesure d'écrire.


1 février 2008 :

La cure a été acceptée et Dominique devrait y aller à compter du 29 février prochain pour trois semaines. Seul hic à nouveau c'est qu'il faut avancer les frais et comme nous sommes en surendettement ce n'est pas évident. Heureusement comme Dominique est en Affection de Longue Durée, les frais mêmes de la cure sont pris en charge à 100%.

Nous attendons maintenant la réponse de la prise en charge du transport en taxi jusqu'au lieu de cure, car par train elle aurait plus de trois changements par trajet et dans son état ce n'est pas très recommandé.

J'ai également envoyé la demande de prolongation de mon congé de longue durée. J'ai également répondu à toutes les cartes de condoléances qui nous ont été adressées. La plus grande partie c'est mon frère qui y a répondu. Une fois de plus, heureusement que mon frère est là, car c'est lui qui a avancé tous les frais pour les funérailles de mon père. C'est encore lui qui a fait toutes les démarches administratives. Je ne vois pas comment nous aurions fait sans lui.

Avec tout ce qui nous tombe dessus ces derniers temps, je suis passé à deux Effexor 75 LP et deux tercian 100mg par jour. Et cela me suffit tout juste.


6 février 2008 :

Je viens également d'avoir un message de mon avocat concernant l'affaire avec mon employeur. La réponse de l'employeur est négative, donc nous déposerons une requête auprès du tribunal administratif, pour faire valoir mes droits. Je sens que la bataille va être longue et rude.


7 février 2008 :

Demain, le huit février, j'ai rendez-vous à 9H00 chez l'assistante sociale en compagnie de mon ex pour discuter du bien-être de mon fils. J'espère que cet entretien portera ses fruits. C'est Madame qui a choisi la date de cet entretien, et elle a, à nouveau, pu manoeuvrer pour que mon fils n'y assiste pas. Pourtant c'est bien de lui qu'il s'agit. L'assistante sociale ne le verra pas une fois de plus.

Je viens de relire les conclusions récapitulatives concernant mon divorce en appel, pour voir s'il n'y a rien d'oublié, mais cela me paraît correct. En revanche il faut à nouveau attendre. La prochaine audience n'aura lieu que le quatre avril prochain. C'est long.

Aujourd'hui est une journée « avocats ». J'ai reçu par courrier de mon avocat pour le tribunal administratif, le courrier de réponse de mon employeur qui, bien entendu, refuse de payer mon dû. Je viens de répondre par mail à mon avocat en lui donnant des éléments de réponses. Mais tout cela est vraiment épuisant quand on n'est pas en forme.

Pour une fois nous sommes allés faire les courses ensembles. Dominique pouvait se lever aujourd'hui et en a profité pour sortir un peu et prendre l'air.

Nous sommes également allés chercher notre fille à l'école et en avons profité de discuter avec son maître pour savoir comment cela se passait à l'école. Apparemment elle ne veut plus trop travailler à l'école, il faut constamment qu'il la pousse pour qu'elle fasse ses exercices. Mais il a également dit qu'elle était souvent pensive et qu'elle se posait beaucoup de questions pour son âge. Nous l'avons averti du décès de mon père qui pourrait la perturber et de la prochaine cure de Dominique.

8 février 2008 :

Après avoir ramené notre fille à l'école, je suis allé à mon rendez-vous avec l'assistante sociale en présence de mon ex pour parler de mon fils. La discussion a eu lieu dans le bureau de l'assistante sociale.

Madame, bien sur, monopolisait le « temps de parole », mais pour une fois elle n'était pas destructrice. La réunion a été constructive. Cette réunion a duré environ une heure et demie. Ce qu'il en est ressorti c'est que Madame doit éviter de « salir » Dominique devant mon fils, que Dominique vienne un peu plus à l'encontre de mon fils, que moi je dois passer plus de moments privilégiés avec mon fils. Que mon fils puisse trouver un endroit neutre pour parler de ses problèmes, en principe il va reprendre les séances avec le pédopsychiatre.

A la fin de la réunion, mon ex et moi avons encore abordé les questions de la réunion de ce soir avec le proviseur du collège de mon fils. Elle m'a mit au courant de différentes choses qui se sont passées au collège et des brimades que mon fils a subies. Nous nous voyons à seize heures au collège.

La réunion de seize a eu lieu avec le proviseur, le CPE, le professeur principal de mon fils, Madame, mon fils et moi-même. Apparemment mon fils a fait bêtise sur bêtise durant toute la semaine. L'exclusion définitive du collège lui pendait au nez. Madame a bien sûr attaqué le collège et les compétences du personnel etc…Ce qui n'a pas plu au proviseur bien entendu. Mon fils se plaignait de harcèlement de la part de certains élèves de quatrième ou de troisième. Mais cela n'explique pas tout.

Il aurait appelé son professeur de français par son prénom, jeté une chaise par la fenêtre en étude, insulté la surveillante d'études, écrit des insanités concernant une élève à la craie etc… Je ne sais pas ce qui lui a pris, mais il a disjoncté. Après près de deux heures de discussions, mon fils a été exclu temporairement du collège pendant une semaine. Comme les vacances scolaires suivent, il restera donc trois semaines à la maison. Cela lui fera une coupure.

Je me suis engagé à ce que mon fils ait un suivi psychologique et Madame, pour une fois, m'a suivi dans ce sens. Mais c'est la dernière chance pour mon fils, sinon c'est l'exclusion définitive du collège.

J'avais pressenti une chose pareille d'où notre intervention auprès de l'assistante sociale pour protéger mon fils. Mais Madame campe sur ses positions et pense que c'est de notre faute (le signalement) qui est à l'origine de tout cela.

Lundi je vais contacter le pédopsychiatre du CMP pour prendre rendez-vous pour mon fils.


9 février 2008 :

Les enfants jouent dans la chambre de notre fille. Dominique essaie encore de dormir un peu malgré le bruit qu'ils font. Moi je suis assis à l'ordinateur pour écrire ce livre. Chien et chat se reposent également. Je vais bientôt devoir préparer à manger pour les petits. J'attends également que le facteur nous ramène le courrier de la MGEN concernant la prise en charge ou non du transport en taxi vers le lieu de cure de Dominique.

Pas de courrier aujourd'hui, nous verrons cela lundi. Cet après-midi je suis sorti dans le jardin avec les petits car il faisait beau et il n'y avait pas de vent froid. J'en ai profité pour compacter quelques bouteilles en plastique pour le tri sélectif et j'ai broyé quelques branchages que j'avais élagués en automne. Mais là je suis fatigué, le moindre effort me fatigue. Ce n'est pas normal.


10 février 2008 :

Je me suis levé fatigué ce matin. Pas d'entrain, pour faire quoi que ce soit. Il fallait tout de même que je prépare le petit déjeuner pour les petits. Ensuite il fallait trouver de quoi les occuper sans faire trop de bruit vu que Dominique doit encore se reposer. Là ils rangent, enfin ils réaménagent leur salle de jeux.

J'ai, tant bien que mal, préparé à manger pour midi. Au moins ils ont pu manger. Je voulais d'abord sortir faire une petite promenade avec les petits, mais j'étais trop fatigué, de plus il y avait un vent frais et comme la petite tousse déjà pas mal, j'ai préféré rester à la maison.

Ca tombait bien car mon frère et ma belle-sœur avait prévu de nous rendre visite. Ils sont venus avec d'anciennes photos qu'ils avaient trouvées dans les affaires de mon père. Des photos de ma jeunesse avec des membres de la famille. Sur une photo cela m'a fait un choc. On y voyait mon père avec ma mère, une tante à moi et un de mes cousins ainsi que moi. De ces cinq personnes, quatre sont décédées. Il n'y a que moi encore de vivant.

Là j'ai douché la petite, je prépare à manger pendant que le grand prend sa douche, ensuite ils vont manger, se brosser les dents et au dodo. La petite a école demain, le grand non car c'est sa semaine d'exclusion du collège.


11 février 2008 :

Ce matin mon fils et moi avons ramené ma fille à l'école. Puis nous avons pris notre petit déjeuner (la petite a eu son biberon de lait/céréales, car c'est ce qu'elle veut le matin).

J'ai lu les informations quotidiennes sur internet. Puis j'ai regardé mes mails et joué aux loteries gratuites sur internet (on ne sait jamais, on pourrait gagner un jour). Ensuite nous avons repris le règlement intérieur de l'établissement (collège) de mon fils pour lui faire comprendre qu'il a fait quelques grosses bêtises pour se faire exclure temporairement du collège.

Là je prépare à manger, mais je suis extrêmement fatigué.

Cet après-midi j'ai fait une sieste car j'étais vraiment trop fatigué, de plus j'ai ma cheville droite qui me fait mal, je n'arrive presque plus à marcher. Cela m'était déjà arrivé il y a quelques jours. J'espère que ce n'est rien de grave, car pour le moment le vase est plein.

J'ai dû prendre la voiture pour aller chercher notre fille à l'école, même pour faire cinq à six cent mètres. Comme il faisait beau nous sommes encore restés un peu dans le jardin.

Les petits ont encore joué un peu dans leur salle de jeux. Je leur ai préparé à manger, ils ont mangé. Ils jouent encore un peu dans la salle de jeux et ça va être l'heure de leur douche etc… et ensuite dodo.


12 février 2008 :

Comme hier nous avons ramené ma fille à l'école. Elle ne voulait pas y aller car son grand frère est à la maison. La je viens de surfer un peu sur internet, j'ai répondu à quelques messages sur le forum dépression sur lequel je suis inscrit depuis décembre 2006. Cela fait un bien fou de pouvoir discuter de notre quotidien, de notre vécu, de ce que l'on ressent avec des gens qui nous comprennent.

J'ai également téléphoné au collège pour les prévenir que je passerai dans l'après-midi récupérer les affaires de classe de mon fils. Ils me donneront également les devoirs qu'il aura à faire.

J'ai réussi à faire à manger pour les petits à midi, même si ce n'était pas évident. Ensuite j'ai à nouveau ramené notre fille à l'école et je suis passé à ma banque pour retirer de l'argent et retirer les chéquiers. Pour l'argent ça a été mais pour les chéquiers il leur fallait l'accord de celui qui gère mes comptes (surendettement) et il était en réunion. Donc je n'ai pas pu les retirer de suite.

Je suis allé acheter des cigarettes et ensuite direction le collège de mon fils qui se trouve à plus de trente kilomètres de chez nous. Arrivé sur place je me suis rendu au secrétariat et on m'a fait attendre. Ensuite j'ai pu aller récupérer les affaires de classe de mon fils ainsi que les devoirs qu'il aura à faire.

De retour du collège je suis encore vite allé faire quelques petites courses. Puis je suis retourné à la banque pour retirer nos chéquiers. En cours de route j'ai croisé un ancien collègue de travail. Nous avons discuté quelques instants et il m'a demandé si je revenais encore au boulot ou si je comptais changer de boulot. Je lui ai répondu que pour le moment je ne me posais pas ce genre de questions car j'ai déjà assez de problèmes à gérer.

A la banque j'ai enfin pu récupérer nos chéquiers. Puis je suis encore allé prendre de l'essence et je suis rentré à la maison.

J'ai déposé les courses et les affaires de classe de mon fils et j'ai mangé quelques gaufres que Dominique avait préparées.

Mon ex me téléphone pour me dire qu'elle s'était renseignée pour les pédopsychiatres pour mon fils. Nous sommes, pour une fois, tombés d'accord pour un pédopsychiatre. Je vais l'appeler demain pour convenir d'un rendez-vous pour mon fils.

Demain je vais m'occuper de mon fils, car il a pas mal de devoirs à faire. Mais comme notre fille est également à la maison (mercredi) ça ne va pas être évident.

Les petits viennent de prendre leur dîner, et maintenant la douche et au dodo. Le chauffeur de taxi a téléphoné en soirée pour confirmer l'heure de départ pour ramener Dominique en cure le 29 février. Départ quatre heures du matin.


13 février 2008 :

Ce matin le téléphone sonne. C'est la MGEN pour dire qu'ils ne trouvent pas la demande d'entente préalable pour le transport en taxi vers le lieu de cure pour Dominique. Hier Dominique avait téléphoné à la MGEN pour être sûre que le transport allait être pris en charge, car nous avions envoyé cette demande d'entente préalable par courrier vers le 25 ou 26 janvier. Le délai de dix jours pour la réponse est donc largement dépassé. On lui a dit que c'est bon, vu que le délai est dépassé. Et ce matin on nous appelle pour nous dire qu'ils ne trouvent pas cette demande d'entente préalable. Il y a de quoi s'énerver.

Ce matin mon fils a à nouveau fait une crise de colère. Il bricole dans la salle de jeux et, sans le vouloir, il a renversé quelques affaires qu'il bricolait. Cela a duré près d'une bonne heure. Notre fille est vite montée se réfugier chez nous. Lorsqu'il est dans cet état il n'y a presque pas moyen de le calmer. Il n'a même pas voulu manger à midi. Bon il a fini par se calmer.

Cet après-midi j'ai ramené notre chatte pour se faire retirer les fils après l'opération de stérilisation qu'elle avait subie il y a deux semaines. Tout s'est bien passé.

Ensuite j'ai tenté de joindre le CMP (Centre médico-psychologique) pour avoir un rendez-vous pour mon fils. Ils m'ont laissé un message pour le rendez-vous, mais la date ne convient pas. Il faudra que je les rappelle lundi.

Là ça va être l'heure de préparer à manger pour les petits, douche et ensuite au lit.


14 février 2008 :

Ce matin j'ai ramené notre fille à l'école, puis petit déjeuner pour mon fils et moi. Ensuite j'ai regardé mes mails, rangé un peu la cuisine. Là nous continuons à faire les devoirs de mon fils. Il a déjà fait de l'anglais, de l'allemand, de la géographie. Là nous en sommes aux mathématiques. Je passe du temps avec mon fils. Mais c'est très dur pour moi, car la concentration et la patience me manquent.

J'ai réussi à faire à manger pour les petits et ils ont mangé. Puis après avoir ramené notre fille à l'école, je me suis reposé un peu pendant que mon fils a continué ses exercices de mathématiques. Je l'ai aidé ensuite pour un ou deux exercices qu'il ne comprenait pas bien.

Nous venons de ramener à nouveau notre fille de l'école et là mon fils continue ses devoirs de mathématiques. Dominique va bientôt aller faire quelques courses.

Cela fait plusieurs jours que j'ai une douleur à la cheville droite lorsque je marche et cela remonte le long du mollet jusqu'au genou parfois. Mais c'est surtout une douleur localisée sur l'avant de la cheville qui m'empêche parfois de marcher. J'espère que ce n'est rien de méchant, car je ne peux pas me permettre de consulter à nouveau un médecin et d'avancer les frais. Oui, nous en sommes là, à ne presque plus pouvoir avancer les frais.

Mon fils vient de terminer tous ses devoirs. Il a fait cela en continu depuis ce matin. C'est comme s'il avait été à l'école toute une journée. Je n'avais besoin de l'aider que quelque fois pour bien comprendre les problèmes posés. Mais je vous avoue que j'ai du mal à me concentrer et il m'est arrivé de me tromper dans certaines interprétations de problèmes. Je me vois mal aller travailler dans ces conditions. Je ne pourrais pas faire correctement mon travail et pire encore je risquerais de faire l'inverse de ce qui est demandé.


15 février 2008 :


J'ai ramené notre fille à l'école, accompagnée de mon fils. Elle ne voulait pas entrer en salle de classe et rester avec nous, mais je lui ai dit que c'était le dernier de classe avant les vacances. Du coup elle y est allée.

Après avoir pris notre petit-déjeuner j'ai regardé si j'avais des mails et j'ai survolé le site de notre journal régional. Le téléphone sonne, c'est le maître de notre fille, me demandant si je pouvais venir récupérer notre fille à l'école parce qu'elle ne se sent pas bien, elle tousse, elle se couche sur la table de fatigue etc…

J'ai pris la voiture et je suis allé la chercher. Elle est maintenant à la maison avec nous et elle joue avec son grand frère. Elle n'a pas l'air si malade que cela. Elle a de la température, elle tousse et a un petit rhume, mais cela ne l'empêche pas de jouer. Je lui ai donné un médicament contre la température et du sirop contre la toux.

J'ai tant bien que mal réussi à faire à manger à midi. En milieu d'après midi je suis allé chez notre médecin traitant pour notre fille. Mon fils est resté à la maison pour ne pas avoir à attendre dans la salle d'attente et risquer d'attraper quelque chose avec tout le monde qu'il y a dans une salle d'attente.

Après trois quarts d'heure d'attente, nous sommes venus en avance pour être parmi les premiers, le médecin nous reçoit. Il ausculte notre fille et lui prescrit des médicaments. Ensuite je lui parle de Dominique qui avait également mal à la gorge, il lui prescrit également des médicaments (il l'avait vue il n'y a pas si longtemps)

Ensuite arrive mon tour pour ma douleur à la cheville droite. Il regarde cela de près, appuie sur certains points et à un endroit c'est douloureux. Il me demande si je n'avais pas une ancienne entorse, mais je n'en ai jamais eu à ma connaissance. Il me prescrit un médicament à prendre et il m'a fait une prescription pour une radio de la cheville si jamais cela n'allait pas mieux dans les prochains jours. J'ai payé les consultations, heureusement il fait le tiers payant, sans quoi nous ne pourrions même pas nous soigner.

Sortie du médecin, direction la pharmacie avec toutes les ordonnances. Il y avait du monde et il fallait patienter.

Retour à la maison avec tous ces médicaments et rangement du tout. Notre fille reçoit de suite les premiers médicaments à prendre. Ensuite elle se repose un peu devant la télé avec son grand frère.

J'ai téléphoné à Madame pour savoir quand elle récupérerait mon fils. Elle le récupérera demain en fin de matinée. Je l'aurai à nouveau la semaine prochaine du mardi soir au vendredi matin. Il ira toute la semaine au centre aéré et la semaine suivante il sera en vacances avec sa mère dans les Alpes.

Là je prépare à nouveau à manger pour les petits et ensuite douche et dodo. Nous mangerons un peu plus tard une fois les petits couchés.


16 février 2008 :

Premier jour de vacances pour la petite qui est malade, la pauvre. Je lui donne ses médicaments de la matinée. Elle tousse, elle a le rhume et de la température. Elle a les joues bien rouges.

Le grand est en forme. Ils regardaient la télévision lorsque je me suis levé. J'ai également sorti le chien et ensuite j'ai préparé le petit déjeuner pour tout le monde (pas facile quand on n'est pas en forme). Puis j'ai regardé mes mails et regardé le journal régional quotidien sur internet. J'y vois toutes les listes qui se composent pour les élections municipales. Cela me fait repenser à il y a sept ans déjà lorsque je me suis également présenté sur une liste. Toutes les soirées et journées passées ensemble dans notre permanence et le tractage, le collage des affiches, les réunions électorales etc... C'était fatigant, mais très instructif et nous avons fait la connaissance de plein de monde.

Là Madame est venue chercher mon fils pour le week-end. La semaine prochaine il ira au centre aéré et je le récupère du mardi soir au vendredi matin, en le ramenant et le récupérant tous les jours au centre aéré. Et la semaine d'après il part en vacances quelques jours avec sa mère.

J'attends toujours la convocation pour voir l'expert auprès du comité médical pour le prolongement de mon congé de longue durée. De même j'attends la proposition de requête à déposer auprès du tribunal administratif pour mon indemnisation de mon employeur. Idem toujours en attente de la réponse de la MGEN pour la prise en charge du transport en taxi pour Dominique. Le délai de dix jours est largement dépassé, mais lorsque Dominique avait téléphoné pour avoir des nouvelles on lui a d'abord dit que vu que le délai était dépassé c'est accordé. Dominique a tout de même insistée pour avoir une confirmation par écrit.

Le lendemain la MGEN l'appelle pour lui dire qu'ils ne trouvaient pas cette demande d'entente préalable. Mais qu'ils allaient encore chercher. Lundi elle va à nouveau téléphoner si nous n'avons pas eu de courrier d'ici là. J'en avais parlé à notre médecin traitant hier qui m'a également confirmé qu'il valait mieux attendre une réponse écrite de la part de la MGEN.

En taxi elle pourrait au moins amener de quoi manger pour quelques jours, ce qui lui éviterait de devoir acheter le tout là-bas. Et pour le transport de sa valise et autres affaires cela demanderait moins d'efforts que par train où elle serait obligée de changer deux à trois fois sans compter le bus pour arriver sur son lieu de cure.

Cela me travaille beaucoup en ce moment. Car si elle devait prendre le train il faudrait avancer les frais pour les billets de train etc… Ce qui ferait ça de moins pour ses besoins quotidiens sur place. Financièrement cela n'irait pas, même si nous étions remboursés par la suite, c'est maintenant qu'il nous faut des liquidités pour sa cure.

Maintenant il faut que je m'occupe de notre quotidien, à commencer par laver et ranger la vaisselle, préparer à manger pour midi et probablement faire quelques courses cet après-midi.

J'ai réussi à faire la vaisselle, mais pas encore à la ranger. Nous venons d'avoir un courrier de la MGEN qui nous renvoie l'entente préalable sans l'avoir remplie (accord ou pas accord ?) : « Nous vous invitons à trouver, en retour, le dossier que vous nous avez adressé. Pour nous permettre d'en effectuer le règlement, nous vous serions reconnaissants de bien vouloir nous faire parvenir la ou les factures originales, dûment acquittées … ».

Maintenant il faut que nous téléphonions lundi pour voir ce que cela veut dire. Nous avions bien envoyé l'entente préalable au médecin conseil de la MGEN, mais je ne sais pas ce qui s'est passé, elle a dû s'égarer dans leur courrier interne et atterrir je ne sais où avant de nous être à nouveau renvoyée. Il serait temps que nous sachions si oui ou non le taxi va être pris en charge.

Sinon nous avons eu la visite d'un ami commun qui est juste venu nous faire un petit coucou. Le temps de manger quelques gaufres que Dominique a préparées. Le restant de la soirée je l'ai passé sur le canapé avec notre fille dans mes bras. La pauvre toussait sans arrêt. Là je lui ai fait à manger, donné ses médicaments. Elle regarde encore un peu la télévision et ensuite au dodo.

Et moi je suis à nouveau fatigué et j'ai mal à ma cheville droite. Vivement que je me couche.


17 février 2008 :

Réveil un peu plus tardif ce matin vu qu'il n'y a pas école pour les enfants. Comme tous les matins j'ai sorti le chien, puis petit déjeuner, donné les médicaments à notre fille qui tousse toujours autant et qui a toujours autant le rhume. Je viens de lire les nouvelles du journal sur internet et je m'apprête à faire la vaisselle sans grand enthousiasme.

La vaisselle est faite, j'ai également réussi à faire à manger pour midi. Nous avons également eu de la visite d'un couple d'amis. Ensuite nous avons regardé la chaîne Equidia pour voir les rugbymen du Stade Français participer à une course de trot attelé.

J'ai également eu un appel téléphonique de ma tante du Canada chez qui il y a tempête de neige sur tempête de neige. Cela m'a fait du bien d'avoir de ses nouvelles.

Là il va être à nouveau l'heure de préparer la petite pour son dodo. Aujourd'hui je n'ai pas trop cogité tous nos soucis quotidiens. J'espère que tout se passera bien demain.


18 février 2008 :

Encore un jour comme tous les autres, réveil, sortir le chien, prendre le petit déjeuner, donner les médicaments à notre fille, regarder les informations sur internet, voir la vaisselle qui déborde et ne pas avoir le courage de commencer à faire quoi que ce soit. Pourtant il faut à nouveau préparer le repas de midi, faire la vaisselle, ranger etc…

Je me sens fatigué, mon moral est très bas. Tout à l'heure il faudra téléphoner à la MGEN pour savoir enfin si le transport en taxi va être pris en charge ou non. Je viens également de voir les nouveaux extraits de la MGEN qui ont été télétransmis. J'avais fait parvenir une autre télétransmission à ma complémentaire mais je n'ai toujours pas de nouvelles. J'avais également envoyé un mail à cette complémentaire pour savoir ce qui pouvait être pris en charge pour une cure et je n'ai toujours pas de nouvelles. Cela fait deux semaines déjà. Du coup j'ai renvoyé un mail hier pour avoir des nouvelles.

Attendre, toujours attendre pour avoir des nouvelles, en revanche les factures n'attendent pas. Là il faut faire vite.

J'ai encore mal à ma cheville, si cela dure, je vais devoir faire une radio de ma cheville. Mon médecin traitant m'a fait une ordonnance en ce sens au cas où.

Dominique a téléphoné à la MGEN et elle a eu une dame en ligne qui lui a conseillé de renvoyer le tout, accompagné du courrier qu'elle a eu. J'ai d'abord scanné le courrier pour tout de même avoir une trace de cet envoi. Pour cela il fallait que je me dépêche car le courrier est relevé à quinze heures à la poste.

Je me suis donc dépêché et ai posté le courrier. Il ne reste plus que dix jours avant que Dominique parte en cure et il serait temps que nous ayons une réponse claire. Donc j'espère que cela va aller vite ce coup-ci.

J'en ai également profité pour faire quelques courses et acheter des cigarettes. En rentrant j'étais à nouveau très fatigué et je n'ai pas le courage de ranger les jouets que notre fille a laissés dans le salon. Je ne parle même pas de sa chambre car c'est encore pire. Mais dès qu'elle ira un peu mieux je l'aiderai à ranger ses jouets.

J'ai tout de mêmes réussi à faire et à ranger la vaisselle. J'ai également profité de faire un mail à mon avocat (tribunal administratif) pour voir où nous en sommes avec la requête à déposer.

Une fois de plus nous ne faisons qu'attendre, MGEN, avocat, complémentaire, employeur etc… C'est angoissant comme pas possible.


19 février 2008 :

Pas de changements depuis hier, toujours aussi fatigué, envie de rien, toujours le même train-train que les jours précédents.

Cet après-midi je vais aller à un enterrement. Un cousin à mon père qui nous avait encore serré la main lors de l'enterrement de mon père. Nous avons encore échangé quelques paroles et voilà que lui aussi disparaît. Cela fait vraiment bizarre. Cela fait même peur. Plein de gens que je connaissais viennent à disparaître au fur et à mesure.

Comme tous les jours, préparer le repas de midi, donner les médicaments à notre fille, c'est ainsi. Pas de courrier dans la boîte aux lettres, juste un mail de mon assurance complémentaire, au moins une réponse à quelque chose.

Cet après midi je suis allé à l'enterrement d'un cousin à mon père qui portait le même nom et le même prénom que moi. Cela fait bizarre d'entendre parler de soi lors d'un enterrement. J'y étais avec mon frère, chez qui je suis encore allé boire un café avant d'aller chercher mon fils au centre aéré.

Là nous sommes à la maison et j'attends que sa mère me ramène les affaires pour mon fils, car il va rester deux jours chez nous.

Entre-temps j'ai préparé à manger pour les petits. Sa mère a également ramené les affaires et maintenant ils sont couchés. Nous regardons la télévision et allons également nous coucher.


20 février 2008 :

Une nouvelle journée commence et le train-train quotidien redémarre …

# Comment je me sens :

Comment décrire mon état dépressif ?

Dans mon cas je ressens une fatigue permanente. Je pourrais dormir tout le temps. Les réveils sont durs, surtout quand il faut se lever pour ramener notre fille à l'école. A peine je me couche et me voilà parti dans un profond sommeil. Très rarement je me rappelle de mes rêves au réveil. Mais je dois rêver car Dominique me dit que je parle des fois en dormant.

Je n'ai même plus envie de sortie de chez nous. Je préfère rester cloîtré à la maison que de devoir faire un pas dehors. Pourtant il faut sortir, si ce n'est pour amener ou chercher notre fille à l'école. Pour faire des courses c'est une galère. Il faut prendre la voiture, aller au magasin, croiser des gens dans les rayons, chercher ce dont on a besoin. Pour cela il faut faire une liste, donc vérifier à la maison ce qui manque (c'est une vraie corvée). Mettre des choses dans le caddie, les ressortir à la caisse, les remettre dans le caddie, les ressortir pour tout mettre dans la voiture. Une fois à la maison, les ressortir du coffre de la voiture et les ranger. C'est beaucoup trop fatigant.

Pour retirer de l'argent, il faut également prendre la voiture, se garer, aller au guichet, faire la queue, demander un retrait, attendre que la guichetière téléphone à mon gestionnaire de compte pour avoir son autorisation pour me remettre de l'argent (je suis en surendettement), et tout ceci à la vue de tous ceux qui attendent derrière moi. Comme nous n'avons plus droit à la carte bancaire, il faut passer au guichet. Donc il faut penser à retirer suffisamment d'argent pour les courses, les cigarettes, l'essence, et en garder un peu pour payer le médecin etc… Ca fait beaucoup de stress tout cela.

Nous avons un petit jardin chez nous. Même le fait de sortir dans le jardin devient une corvée. Je ne vous explique même pas ce que je ressens lorsqu'en été je dois tondre le gazon afin que les enfants puissent jouer. Au début c'est une vraie corvée, mais une fois fait, cela fait du bien. Mais c'est une corvée qu'il faut sans cesse renouveler. Mais je me verrais mal sans terrain autour de la maison. C'est tout de même mon espace vital. Je ne me vois pas du tout dans un appartement. Il me faut mon « chez-moi ».

Sortir la poubelle, faire le tri sélectif, tout cela me demande beaucoup d'énergie. Il ne faut pas oublier de mettre tout cela sur le trottoir les jours de ramassage. Mais il faut y penser également et ce n'est pas évident tout le temps.

Les tâches quotidiennes sont très difficiles. Comme Dominique n'est pas bien et reste couchée quasiment tout le temps, je dois préparer à manger pour midi lorsque notre fille rentre de l'école. Je la fais manger, je débarrasse la vaisselle, je la lave (pas tous les jours, je n'y arrive pas, parfois cela s'entasse). Il y a également le linge, souvent Dominique met la machine en route, mais c'est moi qui sors le linge de la machine, je l'accroche pour qu'il sèche. Une fois sec, je le décroche et je ramène le linge près de la table à repasser. Puis je fais le tri de tout ce linge et Dominique repasse ce qu'il y a à repasser.

Je tiens également les comptes à jour et je vous avoue que ce n'est pas une tâche facile surtout quand on est en surendettement. Il faut sans cesse téléphoner pour obtenir des délais de paiement etc… Et le fait de voir, par avance, que tel mois on ne s'en sort pas et qu'il faut trouver une solution, ce n'est pas évident du tout.

De toute façon j'avais toujours horreur de téléphoner, mais là c'est encore pire. Pour moi cela demande un effort considérable que de décrocher le combiné, de faire le numéro et ensuite de parler. J'ai tout bonnement envie de raccrocher et avoir la paix.

Parmi les tâches quotidiennes il y a également le coup de balai et l'aspirateur à passer, mais là encore je ne peux le faire tous les jours, car c'est beaucoup trop épuisant. Je ne vous parle pas du rangement qu'il y a quand vous avez des enfants. On les laisse jouer et de temps à autre il faut les rappeler à l'ordre pour éviter qu'il n'y ait trop d'affaires qui traînent partout. Mais le rappel à l'ordre fatigue encore plus. Sans cesse raconter la même chose, surtout avec des enfants.

De plus lorsqu'ils jouent cela fait du bruit, c'est inévitable, et cela fait énormément mal à la tête de Dominique. Donc idem, il faut sans cesse veiller à ce que le bruit reste dans des normes acceptables. Et avec tout cela Dominique ne peut pas profiter d'être entourée des enfants.

Nous devons nous faire soigner bien entendu, mais il faut à chaque fois avancer les frais. De ce fait il faut retirer de l'argent pour pouvoir payer. Nous ne pouvons même plus nous permettre d'aller chez le médecin si nous n'avons pas eu le temps de retirer de l'argent avant. Et pour ce faire, il faut

prendre la voiture et faire la queue au guichet de la banque
etc…

Si cela continue ainsi il n'y aura plus d'autre choix que ne de
plus se soigner. C'est tout de même inadmissible au vingt-et-
unième siècle en France. Mais comment font les gens qui
gagnent encore moins bien leur vie que moi ?

# Une journée de ma vie :

Réveil vers sept heures du matin, je sors le chien. Puis je me prépare et je prépare le petit déjeuner de notre fille. Ensuite direction l'école  pour y être au plus tard pour huit heures.

Une fois de retour à la maison, j'allume l'ordinateur et je regarde les informations en même temps que je prends mon petit-déjeuner. Je regarde mes mails (si des fois j'en aurais). Puis je joue aux différentes loteries gratuites (j'ai par deux fois gagné un euro), mais j'y joue tous les jours, on se sait jamais.

Je fais un peu de rangement, je lave la vaisselle de la veille et je laisse égoutter. Ensuite, soit je passe à la banque pour retirer de l'argent et faire nos courses, soit je m'occupe de la paperasserie à la maison.

Puis arrive l'heure d'aller chercher notre fille à l'école. Puis il faut préparer le repas et déjeuner. Je fais à nouveau la vaisselle et je ramène à nouveau notre fille à l'école.

Si je n'ai pas besoin de sortir pour faire des courses ou autres démarches je me couche sur le canapé pour faire une sieste (car je suis épuisé). Je réveille Dominique et lui apporte son petit-déjeuner. Car elle se lève très tard pour ne pas avoir à supporter son mal de tête le matin (c'est toujours ça de gagné). Ou alors je me mets un peu sur internet pour survoler différents forums.

Arrive à nouveau l'heure d'aller chercher notre fille à l'école. Ensuite je range la vaisselle de midi, je fais un peu le ménage. Je me mets à nouveau devant l'ordinateur pour voir les mails et surfer un peu sur internet. J'aide notre fille pour ses devoirs, si elle en a besoin.

Nous préparons ensuite le repas, notre fille mange avant nous, car nous n'avons pas encore faim. Je donne la douche à notre fille, elle reste ensuite encore un quart d'heure avec nous, puis je la ramène au lit.

Arrive notre tour pour manger, de préférence devant la télévision. Après avoir mangé, je débarrasse la vaisselle et nous regardons un film. Souvent je m'endors et je ne vois pas la fin du film.

Je sors encore une fois le chien avant de me coucher. Dominique reste encore devant la télévision et vient se coucher plus tard.

Et le cycle recommence.

# Comment s'en sortir :

Depuis tout ce temps, il faut bien essayer de s'en sortir. Pour cela j'essaie d'avoir certaines activités. Activités physiques ? Trop fatigué pour cela. Le fait de ramener notre fille à l'école tous les jours et éventuellement faire de petites promenades avec elle, suffisent déjà largement.

Au début j'ai tenté de m'investir dans un forum pour des passionnés de voitures. Mais c'était trop fatiguant. Ensuite j'ai rejoint un autre forum sur la dépression. Cela m'a fait du bien. Maintenant je suis modérateur sur ce forum. Modérateur est un grand mot, car je n'y fais quasiment rien. Juste aider les nouveaux venus, les guider et répondre à certaines questions. Il y a suffisamment de modérateurs pour effectuer ces tâches

Je me suis également lancé dans des recherches généalogiques, c'était très intéressant et j'ai pu remonter jusqu'en 1082 dans un branche. Mais c'est beaucoup trop épuisant.

J'ai commencé à écrire ce livre courant 2007. Je l'ai présenté à un comité de lecture qui était prêt à le publier. Mais il y avait le problème financier (surendettement) et j'ai dû laisser tomber. Je viens de le sortir du fin fond de mon ordinateur pour le relire et le mettre à jour. En espérant que cette fois-ci quelqu'un s'y intéressera et pourra le publier sans frais.

Et depuis l'année dernière je m'investis dans un combat contre l'implantation d'un centrale thermique près de chez nous. Un combat inégal entre de simples citoyens et une armada de producteurs d'électricité, d'élus qui sont favorables à cette implantation, des services d'états, et des médias qui ne nous sont pas toujours favorables.

Mais cela me permet de faire travailler un peu les méninges qui sont grippés. Vous ne pouvez vous imaginer le travail surhumain que cela représente. La concentration n'étant plus là, due à la maladie, il faut sans cesse rédiger des articles, tout relire, tout comprendre (ce qui n'est pas toujours évident du fait du manque de concentration). En fait je mets quatre à cinq fois plus de temps à faire quelque chose qu'avant ma maladie.

Mais il y a une sorte de satisfaction qui s'installe. Le fait de se sentir à nouveau utile à quelque chose. D'être à nouveau reconnu par certaines personnes, même si d'autres vous font remarquer que vous n'avez pas à vous occuper de cela. C'est sûr, cela en énerve plus d'un.

Le fait de voir ses différents articles publiés sur divers sites internet montre qu'on arrive encore à produire un minimum de travail. Mais personne ne peut s'imaginer les efforts que cela demande pour faire tout cela. Sauf celles et ceux qui sont passés par là.

Les différents courriers envoyés aux différents ministères (qui ne répondent quasiment pas), à l'Elysée (qui répond toujours, même si ce sont des formules toutes faites et qui n'ont rien à voir avec le courrier envoyé) cela représente un travail immense pour moi. Mais au moins je me sens encore un peu utile.

J'ai même pu rencontrer le Préfet de notre département, discuter avec lui et lui remettre un document qui est, en partie, publié sur un site internet.

Le but ultime serait d'arriver à faire avorter ce projet grâce à l'action conjuguée de toutes les personnes impliquées dans la défense des citoyens et de l'environnement et de savoir qu'on y était pour quelque chose dans tout cela.

Mais faire tout cela avec tous les problèmes de santé, financiers, les procédures de jugements en cours, c'est épuisant. Mais c'est la seule façon de se sentir encore un peu vivre et d'avoir encore un peu de « prestige » aux yeux de ses enfants. Car ils voient bien que leur papa ne travaille pas et « n'est pas bien ».

# L'avenir :

Comment envisager l'avenir ?

Nous vivons au jour le jour. Au rythme des factures à payer et des consultations des médecins. Nous nous rendons compte qu'une année passe lorsque les enfants changent de classe, lorsque des fêtes reviennent. Fêtes qui n'en sont plus. Nous pourrions nous en passer, mais nous les faisons pour les enfants. L'avenir c'est de savoir qu'on a réussi à mener nos enfants à l'âge adulte et qu'ils sont heureux dans leur vie. Peut-être encore de voir nos petits-enfants s'il y en aura. Mais où serons-nous à ce moment là ?

Je ne connais pas l'évolution de cette maladie, mais au bout de presque quatre ans, je ne vois pas encore d'issue.

# Adresses utiles :

Voici une liste d'intervenants ou de sites internet auxquels j'ai fait appel depuis le début de mon état dépressif

| | | |
|---|---|---|
| Médecin traitant | Il sera à même de diagnostiquer un état dépressif et de vous orienter vers un spécialiste | suivi médical |
| Psychiatre | Il va mettre en œuvre tous les moyens nécessaires pour vous soigner | suivi psychiatrique |
| Psychologue | Il intervient dans tous les domaines de la société (éducation, santé, social, travail, sport, etc.) pour préserver, maintenir ou améliorer le bien-être ou la qualité de vie de l'individu | discussion lors de mon séjour en CHS |
| Médecin du travail | Il intervient dans le domaine de | avis sur mon suivi médical et |

| | | |
|---|---|---|
| | l'aménagement du poste de travail ainsi que pour la détermination du mi-temps thérapeutique | conduite à tenir pour mon travail |
| Médecin expert | siégeant au comité médical, il donne son avis pour l'attribution d'un congé de longue maladie ou de longue durée. Il autorise également la reprise du travail | visite médicale pour le compte du comité médical |
| Centre Hospitalier Spécialisé | Hôpital spécialisé (psychiatrie), lieu de séjour pour faire une coupure avec le quotidien | hospitalisation pour sevrage du Lexomyl |
| Assistante sociale | Personne qui met tout en œuvre pour améliorer les conditions de vie. | Suivi de notre situation financière et du bien-être de mon fils |
| Avocat | Nécessaire, dans mon cas, afin d'obtenir réparation d'un préjudice subi. | Pour demander réparation du préjudice subi. |
| Info-depression.fr | Ce site vous permettra de mieux comprendre la dépression, de connaître ses | www.info-depression.fr/ |

| | symptômes et ses traitements et de savoir où et à qui s'adresser | |
| France dépression | Site destiné à soutenir les personnes dépressives et leur entourage. | www.france-depression.org |
| Forum sur la dépression | Forum de discussion où pratiquement tous les membres subissent une dépression et s'entraident. C'est un lieu d'expression et d'écoute… | En utilisant un moteur de recherche sur internet vous le trouverez certainement |

# Glossaire :

**Antidépresseur**

Un antidépresseur est un médicament principalement prescrit dans le traitement de certaines dépressions et de certains troubles anxieux et dont les effets apparaissent après deux ou trois semaines

**Anxiété**

Sentiment d'appréhension, de profonde inquiétude – elle s'accompagne de symptômes physiques (tachycardie, gêne respiratoire, transpiration etc.

**Anxiolytiques**

Couramment appelés « tranquillisants », ces médicaments soulagent rapidement l'angoisse. Mais ils ne soignent pas la dépression.

**Baby blues**

Moment de doute et de fatigue passager, facilement surmontable, qui se manifeste chez la mère quelques jours après l'accouchement

## Dépression

. Perturbation du dynamisme de la vie psychique, qui se caractérise par une diminution plus ou moins grave de l'énergie mentale, une certaine pente de l'affectivité qui est marquée par le découragement, la tristesse, l'angoisse

## Dysthymie

C'est un trouble chronique de l'humeur moins intense que la dépression mais suffisant pour causer des perturbations significatives chez le patient

## Etat dépressif majeur

Période de temps suffisamment longue (plus de quinze jours) pendant laquelle, chaque jour ou presque, et pendant la plus grande partie de la journée, une personne présente un état de souffrance profonde et plusieurs autres symptômes de la dépression

## Hypnotiques

Médicament qui provoque le sommeil (somnifère)

**Neurotransmetteurs**

Molécule qui transporte l'information d'un neurone vers un autre


**Phobie**

Symptôme prévalent des névroses obsessionnelles, caractérisé par une réaction d'angoisse ou une répulsion ressentie devant le même objet, la même personne ou une situation bien déterminée


**Psychothérapie**

Thérapeutique des maladies psychiques, des troubles de la personnalité ou du comportement par des procédés psychiques, en particulier par le moyen de la parole.


**Troubles anxieux**

Maladie psychique caractérisée par des peurs irrationnelles et gênantes (phobies, obsessions, panique…). À distinguer de la dépression, même si les deux maladies peuvent avoir des symptômes similaires.


**Tristesse**

La tristesse de la dépression n'a rien à voir avec la tristesse « normale » : elle est particulièrement intense, elle n'est pas « directement » reliée à une cause, rien ne l'apaise, elle se mêle d'angoisse et d'un sentiment de « fatalité ».

## Temps partiel thérapeutique

Possibilité de travailler à temps partiel en percevant tout ou partie des indemnités journalières d'arrêt de travail versées par l'Assurance maladie. Un temps partiel thérapeutique nécessite l'avis de trois médecins (le médecin traitant, le médecin conseil de l'Assurance maladie, le médecin du travail) et l'accord de l'employeur. Pour être accordé, il doit s'intégrer dans un projet de soin précis conduisant à terme à une reprise du précédent emploi à temps complet.

## Trouble bipolaire

Forme particulière de trouble de l'humeur qui alterne des épisodes d'excitation excessive (épisodes maniaques) et des épisodes dépressifs.

# La dépression :



En psychiatrie le terme dépression du latin depressio. , "Enfoncement" désigne une maladie pour certains, ou un syndrome pour d'autres, dont la manifestation centrale est un état mental caractérisé par une lassitude importante, une dépréciation de soi et un pessimisme qui entraînent des perturbations importantes dans les rapports psychoaffectifs.

C'est une maladie fréquente, qui affecte presque 20% des gens au cours de leur vie, et qui marque une rupture avec le fonctionnement psychologique habituel du patient. Le risque évolutif le plus grave de cette pathologie est le suicide, en particulier quand elle n'a pu être détectée et prise en charge. Ainsi, près de 70% des personnes décédant par suicide en France souffraient d'une dépression le plus souvent non diagnostiquée et traitée.

Il ne faut pas confondre la dépression avec ce qu'on appelle communément "coup de blues" ou "déprime" qui traduit une tristesse passagère, normale dans une situation difficile.

Le terme dépression possède une signification ou classification différente en psychopathologie et en psychanalyse, où il décrit un processus psychique douloureux lié à une perte sans être nécessairement pathologique.

## Histoire de la dépression

L'émergence de la dépression comme une véritable « épidémie » commence dans les années 1960 et est contemporaine du lancement des premiers médicaments antidépresseurs. Ainsi, lorsque, en 1956, le psychiatre suisse Roland Kuhn découvre les effets antidépressifs de l'imipramine, le laboratoire pharmaceutique Geigy refuse d'abord d'en financer le développement, jugeant le marché de la dépression trop étroit.

Au début des années 1960, désireuse de promouvoir les propriétés antidépressives de l'amitriptyline, la société pharmaceutique Merck achète 50 000 exemplaires du livre du psychiatre Frank Ayd, « Reconnaître le patient déprimé », et les distribue gratuitement aux psychiatres et aux médecins dans le monde entier. Ce qui fait dire à David Healy « Merck n'a pas seulement vendu de l'amitriptyline, mais aussi un concept ».

Les premiers antidépresseurs des années 1960 sont uniquement prescrits à l'hôpital par des psychiatres car ils ont beaucoup d'effets secondaires. À partir de la fin des années 1980, de nouveaux antidépresseurs arrivent sur le marché qui sont souvent une version « light » des précédents. Ils sont moins puissants, provoquent moins d'effets secondaires, et sont prescrits par des médecins généralistes à des patients moins malades, qui sont aussi plus nombreux.


## L'humeur (ou thymie) dépressive

On observe au cours de la dépression un ensemble de symptômes organisés autour d'une perturbation de l'humeur dite humeur dépressive (ou thymie dépressive). Par le terme humeur, on désigne la disposition affective de base donnant un éprouvé agréable ou désagréable oscillant entre les deux pôles extrêmes du plaisir et de la douleur. L'humeur peut être normale (on parle alors d'euthymie), expansive ou hyperthymique comme dans le syndrome maniaque, ou encore triste voire mélancolique comme dans le syndrome dépressif.

L'humeur dépressive est un éprouvé négatif (distorsions cognitives) de la relation du sujet au monde et à lui-même : sentiment que sa vie est un échec, la situation sans espoir, l'avenir impossible, perte du plaisir (anhédonie) et d'intérêt. Au cours du syndrome mélancolique, cette sensation pénible est poussée à son paroxysme et l'on parle alors de douleur morale.

La variété des symptômes associés à cette perturbation de l'humeur, des profils évolutifs, des contextes d'apparition a conduit à proposer des classifications des troubles dépressifs, lesquelles ont varié au cours du temps. Il est utile également de différencier les dépressions des différents âges de la vie, qui conduisent à des tableaux bien différents.


**La dépression chez l'adulte**

Du point de vue de la psychiatrie, la dépression est un trouble de l'humeur pouvant résulter de l'interaction d'un ensemble de facteurs:

-  biologiques (déséquilibre dans la chimie des neurotransmetteurs du cerveau),

- psychologiques (intrapsychiques)

- sociaux (ex : divorce, chômage, etc…)

Dans cette perspective, il s'agit d'un trouble psychiatrique, comportant souvent des risques, pouvant parfois mener au suicide. Du point de vue épidémiologique, les chercheurs estiment que cette maladie est sous diagnostiquée, sous-estimée et sous-traitée. Elle se manifeste la plupart du temps par une conjonction et/ou une addition de symptômes comme :

- Troubles du sommeil ;

- Manque d'énergie, de motivation ;

- L'humeur triste ;

- Irritabilité ;

- Mal de vivre,

- Etc…

Chez l'enfant et l'adolescent, les dépressions se manifestent de manière moins typique avec des symptômes variables qui cachent la tristesse ou le désespoir.


**Dépression endogène et Dépression névrotico-réactionnelle**

Cette classification a en quelque sorte des fondements historiques, mais la distinction n'est plus guère utilisée de nos jours. La dépression endogène est caractérisée par une douleur morale latente contrastant avec une indifférence affective (appelée également anesthésie affective) pour l'extérieur, un pessimisme foncier, une inhibition marquée, des thèmes d'auto dévaluation et d'autoaccusation des idées délirantes de ruine, de catastrophe, d'incurabilité, une insomnie par réveil précoce, une anorexie avec amaigrissement, un dégoût de la vie inaccessible à toute argumentation. La fluctuation des symptômes dans la journée est particulière dans les dépressions endogènes : très marquée au réveil (le matin) ils tendent à s'estomper en fin de journée. Dans l'ensemble, le déprimé mélancolique méconnaît l'aspect pathologique de son état et refuse tout recours médical, jugé inutile. Forme unipolaire et bipolaire de dépression : la dépression endogène est souvent l'expression d'un trouble bipolaire (anciennement dénommé « psychose maniaco-dépressive »). Celle-ci, initialement bien délimitée, tend à être divisée en catégories à cause des aspects évolutifs, des antécédents familiaux et des réponses thérapeutiques inégales au même traitement. La forme bipolaire est constituée d'accès dépressifs et d'épisodes d'excitation euphorique, séparés par un intervalle libre. La forme unipolaire est quant à elle définie par la survenue répétitive d'un seul type d'accès en règle générale dépressif.

Il existe également les dépressions secondaires, dues à des médicaments, une affection organique, une affection psychiatrique, ou encore les dépressions alexithymiques ou d'involution

# Les classifications actuelles :

## L'épisode dépressif majeur

Ce terme, imposé par le DSM, signifie en fait "dépression caractérisée". Bien qu'ils ne fassent pas l'unanimité, les critères américains du DSM-IV (Diagnostic and Statistical Manual of Mental Disorders - Fourth Edition) du trouble dépressif majeur sont : Une personne doit présenter au moins 5 des 9 symptômes suivants pour une durée d'au moins deux semaines, la plupart du temps, entraînant un changement dans le mode de fonctionnement habituel. Au moins l'un de ces deux critères doit être présent : Humeur triste, Anhédonie.

- Humeur triste (dépressive): décrite comme plus intense que la douleur d'un deuil. Le malade est sans joie et opprimé, parfois il est incapable de percevoir tout sentiment. En général l'humeur est au pire le matin. Chez les enfants et adolescents, cela peut se manifester par une irritabilité accrue.

- Anhédonie : diminution du plaisir ou de l'intérêt pour toutes activités, y compris celles qui procurent du plaisir habituellement. Les habitudes se modifient, les passe-temps sont délaissés, tout semble monotone et vide, y compris les activités habituellement gratifiantes.

- Modification involontaire du poids : prise ou perte de 5% ou plus du poids habituel en un mois. Éventuellement, modification récente de l'appétit
Troubles du sommeil : diminution (insomnie) ou augmentation (hypersomnie) du temps de sommeil

- Troubles de la concentration ou du processus de prise de décision

- Troubles du comportement : agitation ou ralentissement (bradypsychie) rapportée par l'entourage.

- Asthénie : sensation de fatigue ou de diminution d'énergie

- Sentiments de culpabilité hypertrophiés, souvent injustifiés et liés à l'autodépréciation du patient.
Idées noires : volonté de mourir, idées suicidaires actives, avec ou sans plan spécifique, finalement tentative de suicide.


**La Mélancolie**

Le terme mélancolie était utilisé en psychiatrie pour caractériser un état dépressif grave et aigu présentant de grands risques de passages à l'acte suicidaire. Il a aujourd'hui été délaissé et on utilise plus couramment l'expression: dépression majeure. On parlait aussi de mélancolie stuporeuse pour décrire des états caractérisés par un ralentissement psychomoteur intense qui peut aller jusqu'à immobilité totale, un état prostré et incapable de boire ou de s'alimenter.

Considérée comme la forme la plus grave d'état dépressif majeur, la mélancolie se manifeste par :

- l'intensité de la douleur morale ;

- l'importance du ralentissement psychomoteur ;

- une aboulie complète ;

- des contenus de pensée particulièrement négatifs et désespérés ;

- un sentiment de culpabilité omniprésent ;

- un sentiment d'incurabilité ;

- des idées « noires » (idées d'être puni de mort, ruminations suicidaires…) ;

- une anorexie grave. (Parfois, il peut s'agir d'une boulimie, en tous les cas troubles de l'appétit.) ;

- des réveils matinaux précoces dans un état d'angoisse douloureux.

**Dépressions psychotiques**

Elles se caractérisent par des délires de culpabilité, de honte universelle, de punition, de damnation, d'appauvrissement mental, de négation d'organes...

**Dépressions hostiles, agressives**

La personnalité du sujet semble avoir changé radicalement. Il est devenu plus agressif, plus impulsif, ses colères sont mal maîtrisées, il a des violences soudaines inhabituelles… Cela viendrait du fait que le sujet ne supporte plus l'idée d'être l'objet de remarques blessantes (existantes ou supposées) à son égard : « Secoue-toi », « Tu as tout pour être heureux », etc…

## Dépressions masquées

Les dépressions masquées ou hypocondriaques se caractérisent par une absence de symptômes de l'humeur dépressive avec une prépondérance des plaintes somatiques. Elles prennent souvent l'aspect d'une douleur atypique, continue, fixée, qui reste malgré la prescription d'antidouleur. Le sujet est souvent inconscient qu'il souffre moralement, c'est la raison pour laquelle il « somatise ».

## Dépressions anxieuses, agitées

Ces sujets courent un risque suicidaire élevé. Contrairement aux caractéristiques courantes de la dépression, l'agitation psychique et motrice est majeure, ils sont enclins à des crises de panique.

## Dépressions saisonnières

La dépression saisonnière s'installe à l'automne ou au début de l'hiver et dure jusqu'au printemps. Ses symptômes sont ceux de tout épisode dépressif : tristesse permanente, perte d'intérêt générale, irritabilité, troubles de sommeil, perte ou gain de poids, pensées suicidaires. Les symptômes de la dépression saisonnière se distinguent de ceux des blues de l'hiver, lesquels ne nous empêchent pas de continuer à assumer nos activités quotidiennes. Ceux qui souffrent de dépression saisonnière sont très affectés dans leur quotidien, que ce soit sur le plan travail ou des relations.

La cause exacte de ce type de dépression n'est pas connue, mais la diminution de l'intensité de la lumière naturelle et de sa durée semble jouer un rôle important. Son traitement repose sur la psychothérapie et sur les médicaments antidépresseurs. De façon complémentaire, il existe une thérapie spécifique à la dépression saisonnière, soit la photothérapie. Elle consiste en des séances d'exposition à la lumière dans des cabines spécialement aménagées, ce qui permet de lutter contre la diminution de la lumière naturelle. La luminothérapie est un traitement souvent évoqué pour cette affection lorsqu'elle se présente de manière isolée

# Les congés pour maladie (fonction publique) :

Les différents types de congé accordés aux fonctionnaires - LOI n° 84-16 du 11 janvier 1984

Article 34

Modifié par Loi 2001-1246 2001-12-26 art. 55 IV JORF 26 décembre 2001

Le fonctionnaire en activité a droit :

*1° A un congé annuel avec traitement dont la durée est fixée par décret en Conseil d'État ;*

**2°** A des **congés de maladie** dont la durée totale peut atteindre un an pendant une période de douze mois consécutifs en cas de maladie dûment constatée mettant l'intéressé dans l'impossibilité d'exercer ses fonctions. Celui-ci conserve alors l'intégralité de son traitement pendant une durée de trois mois ; ce traitement est réduit de moitié pendant les neuf mois suivants. Le fonctionnaire conserve, en outre, ses droits à la totalité du supplément familial de traitement et de l'indemnité de résidence.

Toutefois, si la maladie provient de l'une des causes exceptionnelles prévues à l'article L. 27 du code des pensions civiles et militaires de retraite ou d'un accident survenu dans l'exercice ou à l'occasion de l'exercice de ses fonctions, le fonctionnaire conserve l'intégralité de son traitement jusqu'à ce qu'il soit en état de reprendre son service ou jusqu'à mise à la retraite. Il a droit, en outre, au remboursement des honoraires médicaux et des frais directement entraînés par la maladie ou l'accident ;

**3°** A des **congés de longue maladie** d'une durée maximale de trois ans dans les cas où il est constaté que la maladie met l'intéressé dans l'impossibilité d'exercer ses fonctions, rend nécessaire un traitement et des soins prolongés et qu'elle présente un caractère invalidant et de gravité confirmée. Le fonctionnaire conserve l'intégralité de son traitement pendant un an ; le traitement est réduit de moitié pendant les deux années qui suivent. L'intéressé conserve, en outre, ses droits à la totalité du supplément familial de traitement et de l'indemnité de résidence.

Les dispositions du deuxième alinéa du 2° du présent article sont applicables au congé de longue maladie.

Le fonctionnaire qui a obtenu un congé de longue maladie ne peut bénéficier d'un autre congé de cette nature, s'il n'a pas auparavant repris l'exercice de ses fonctions pendant un an.

**4°** A un **congé de longue durée**, en cas de tuberculose, maladie mentale, affection cancéreuse, poliomyélite ou déficit immunitaire grave et acquis, de trois ans à plein traitement et de deux ans à demi-traitement. Le fonctionnaire conserve ses droits à la totalité du supplément familial de traitement et de l'indemnité de résidence.

Si la maladie ouvrant droit à congé de longue durée a été contractée dans l'exercice des fonctions, les périodes fixées ci-dessus sont respectivement portées à cinq ans et trois ans.

Sauf dans le cas où le fonctionnaire ne peut être placé en congé de longue maladie à plein traitement, le congé de longue durée n'est attribué qu'à l'issue de la période rémunérée à plein traitement d'un congé de longue maladie. Cette période est réputée être une période du congé de longue durée accordé pour la même affection. Tout congé attribué par la suite pour cette affection est un congé de longue durée.

Sur demande de l'intéressé, l'administration a la faculté, après avis du comité médical, de maintenir en congé de longue maladie le fonctionnaire qui peut prétendre à l'octroi d'un congé de longue durée ;

*5° Au congé pour maternité ou pour adoption, avec traitement, d'une durée égale à celle prévue par la législation sur la sécurité sociale.*

*Au congé de paternité en cas de naissance ou d'adoption, avec traitement, d'une durée égale à celle prévue par la législation sur la sécurité sociale.*


*6° Au congé de formation professionnelle.*

*7° Au congé pour formation syndicale avec traitement d'une durée maximale de douze jours ouvrables par an.*

*La formation ouvrant droit au bénéfice de ce congé et placée sous la responsabilité des organisations syndicales de fonctionnaires représentées au Conseil supérieur de la fonction publique de l'État peut faire l'objet d'une aide financière de l'État.*

*8° A un congé de six jours ouvrables par an accordé, sur sa demande, au fonctionnaire de moins de vingt-cinq ans, pour participer aux activités des organisations de jeunesse et d'éducation populaire, des fédérations et des associations sportives et de plein air légalement constituées, destinées à favoriser la préparation, la formation ou le perfectionnement de cadres et animateurs. Ce congé non rémunéré peut être pris en une ou deux fois à la demande du bénéficiaire. La durée du congé est assimilée à une période de service effectif. Elle ne peut être imputée sur la durée du congé annuel.*

*9° A un congé d'accompagnement d'une personne en fin de vie lorsqu'un ascendant ou un descendant ou une personne partageant son domicile fait l'objet de soins palliatifs. Ce congé non rémunéré est accordé pour une durée maximale de trois mois, sur demande écrite du fonctionnaire. Le congé d'accompagnement d'une personne en fin de vie prend fin soit à l'expiration de la période de trois mois, soit dans les trois jours qui suivent le décès de la personne accompagnée, soit à une date antérieure. La durée de ce congé est assimilée à une période de service effectif. Elle ne peut être imputée sur la durée du congé annuel.*

*10° A un congé pour siéger, comme représentant d'une association déclarée en application de la loi du 1er juillet 1901 relative au contrat d'association ou inscrite au registre des associations en application de la loi du 19 avril 1908 applicable au contrat d'association dans les départements du Bas-Rhin, du Haut-Rhin et de la Moselle ou d'une mutuelle au sens du code de la mutualité, dans une instance, consultative ou non, instituée par une disposition législative ou réglementaire auprès d'une autorité de l'État à l'échelon national, régional ou départemental, ou d'une collectivité territoriale. Ce congé avec traitement est accordé sous réserve des nécessités de service et ne peut dépasser neuf jours ouvrables par an. Il peut être fractionné en demi-journées. Ce congé ne peut se cumuler avec ceux qui sont prévus aux 7° et 8° du présent article qu'à concurrence de douze jours ouvrables pour une même année.*

Janvier 2011 : L'histoire ne s'arrête pas là, un A.V.C. et une opération du cœur plus loin, la vie continue à déverser son lot de malheurs …

*« Tout est sombre autour de moi, mais j'entend au loin les oiseaux chanter, je sens un doux parfum de fleurs et il me semble que les enfants jouent à nouveau. Mais le chemin est encore long, bien long... »*

# Index :


Avant-propos....................................................................6

Mon enfance...................................................................11

Mon adolescence ...........................................................13

La période pré-adulte ....................................................16

Mes premières contraintes ...........................................19

La descente aux enfers..................................................25

L'enfer :.........................................................................29

Une lumière en enfer :...................................................32

La trêve :........................................................................35

Le regard des autres......................................................40

Le quotidien administratif.............................................42

Le suivi médical.............................................................44

Mon divorce...................................................................46

L'aspect financier..........................................................49

Ma compagne.................................................................53

La famille.......................................................................56

Les amis.........................................................................58

Ma vie en tant que « dépressif »...................................60

Au jour le jour................................................................98

Comment je me sens....................................................116

Une journée de ma vie.................................................119

Comment s'en sortir....................................................121

L'avenir........................................................................124

Adresses utiles.............................................................125

Glossaire......................................................................128

La dépression...............................................................132

Les classifications actuelles........................................137

Les congés pour maladie (fonction publique).............142

Index............................................................................147

FSC
www.fsc.org
MIXTE
Papier issu
de sources
responsables
Paper from
responsible sources
FSC® C105338